새 이화 한국어

새 이화 한국어 2-2 (English Version)

지은이 이화여자대학교 언어교육원(이민경·김현진·배재원·정누리·오유영·박옥경·황윤정·최효원)
감수 이은주·김영규·박선희

펴낸날 1판 1쇄 2024년 3월 5일

펴낸이 주소현 **펴낸곳** 이화여자대학교출판문화원
주소 서울특별시 서대문구 이화여대길 52 **등록** 1954년 7월 6일 제9-61호
전화 02-3277-2965(편집), 02-362-6076(마케팅) **팩스** 02-312-4312
전자우편 press@ewha.ac.kr **홈페이지** www.ewhapress.com

책임편집 이혜지 **디자인** 프로스트아이디어
번역 김영은 **번역감수** 이미진(이화여대 영어교육과 교수)
일러스트 정윤서 **사진촬영** 강지민 **촬영지원** 홍연아
녹음 오렌지 커뮤니케이션즈 **성우** 권도일, 김다운

ISBN 979-11-5890-517-0 14710
979-11-5890-490-6 (세트)

* 사진 촬영에 협조해 주신 양혜윤, Sakurai Azusa, Ketamornwattana Chutisara, Mikael Ovaska, Mariarosa Patino, Fukunishi Haruka, Chu Adolphus, Wold Benedicte Sofie Tennaas, 홍서현 씨, 이화여자대학교 언어교육원 학생들과 이화여자대학교 학생들에게 감사를 드립니다.

* 잘못된 책은 구입처에서 바꾸어 드립니다.

새 이화 한국어

ENGLISH VERSION

2-2

이화여자대학교 언어교육원 지음

이민경 · 김현진 · 배재원 · 정누리
오유영 · 박옥경 · 황윤정 · 최효원

이화여자대학교출판문화원

새 이화 한국어

ENGLISH VERSION

이화여자대학교 언어교육원 지음

이민경 · 김현진 · 배재원 · 정누리
오유영 · 박옥경 · 황윤정 · 최효원

2-2

이화여자대학교출판문화원

머리말

이화여자대학교 언어교육원은 『이화 한국어』를 발간한 지 12년 만에 새로운 의사소통 중심 교재 『새 이화 한국어』를 발간하게 되었습니다. 지난 10여 년 동안 『이화 한국어』는 세계 각국에서 사용되어 왔으며 현재까지도 외국인들에게 좋은 학습의 길잡이가 되고 있습니다. 그러나 교수·학습 환경이 나날이 변화하고 한국어 학습자의 요구가 다양해짐에 따라 이에 부응할 새로운 교재의 필요성이 대두되었습니다. 이화여자대학교 언어교육원은 오랜 한국어 교육 경험과 연구를 바탕으로 『이화 한국어』를 전면적으로 혁신할 새로운 교재 개발에 착수하였고, 약 3년의 작업 끝에 마침내 『새 이화 한국어』를 세상에 내놓게 되었습니다.

『새 이화 한국어 2』는 듣기, 말하기, 읽기, 쓰기의 통합 교재로 다음의 특징이 있습니다. 먼저 한 단원을 세 개의 소단원으로 구성하여 하나의 주제에 대하여 다양한 기능을 충분히 연습할 수 있도록 설계하였습니다. 또한 문법의 비중을 낮추고 재미있으면서도 실제적인 의사소통 과제의 비중을 높임으로써 수업 내용이 실생활로 전이될 수 있도록 하였습니다. 어휘, 문법은 언어 지식을 쌓는 것에 그치지 않도록 듣기, 말하기, 읽기, 쓰기와 연계를 활용한 유의미한 연습을 제시하였습니다.

특히 이 교재는 네 가지 언어 기능의 균형 있는 발전을 유도하면서도 말하기 능력을 강화하도록 고안된 것이 특징입니다. 이를 위해 대화, 역할극, 그룹 활동 등 방식과 참여 인원 등을 다양화하여 말하기 과제를 제시하였습니다. 이러한 과제를 통해 학습자들이 다양한 상황에서 주도적으로 말하기를 이끌어가는 능력을 기를 수 있을 것으로 기대됩니다. 그리고 듣기와 말하기, 읽기와 말하기, 읽기와 쓰기 등 여러 기능을 연계하고 통합한 과제를 제시함으로써 구어와 문어 학습이 긴밀하게 연계될 수 있도록 구성하였습니다.

이 교재가 발간되기까지 정말 많은 분들의 땀과 노고가 있었습니다. 이화여자대학교 언어교육원을 대표하여, 좋은 교재를 개발하기 위해 밤낮으로 고민하고 집필에 매진하신 저자 분들께 깊은 감사를 드립니다. 또한 교재가 발간되기까지 여러 가지 행정적 지원을 아끼지 않고 수고해 주신 언어교육원 행정실에도 진심으로 감사를 드립니다. 그리고 감수를 맡아 교재 구성과 내용에 많은 조언을 해 주신 이은주, 김영규 교수님께도 감사의 말씀을 드립니다. 마지막으로 이 교재가 이렇게 멋진 모습으로 발간될 수 있도록 편집과 출판을 맡아 주신 이화여자대학교출판문화원에도 깊은 감사의 마음을 전합니다.

이 교재가 국내외에서 한국어 교재로 널리 활용되어 한국어를 쉽고 재미있고 효과적으로 교수·학습하는 데에 크게 기여하기를 바랍니다. 아울러 앞으로 나아가야 할 한국어 교육의 방향을 선도하는 역할도 하게 되기를 기대합니다.

2024년 3월

이화여자대학교 언어교육원

원장 박선희

PREFACE

Ewha Language Center at Ewha Womans University has published *New Ewha Korean*, a new communication-oriented textbook, twelve years after the first publication of *Ewha Korean*. Over the past ten years, *Ewha Korean* has been widely used in many countries around the world, and even today, it serves as a valuable learning guide for many foreigners. However, to reflect the rapid changes in teaching and learning environment and to meet the various needs of Korean language learners, this new textbook edition has become necessary. Based on its long experience in Korean language education and research, Ewha Language Center at Ewha Womans University has developed a new textbook to refine the previous edition *Ewha Korean*, and the *New Ewha Korean* has finally been released after about three years of work.

New Ewha Korean 2 is a textbook that integrates listening, speaking, reading, and writing with the following characteristics. First, each unit consists of three subunits so that it allows for sufficient practice of various functions related to a single topic. In addition, by lowering the weight of grammar and increasing motivating and practical communication tasks, the course content can be transferred to real life. Meaningful exercises that integrate listening, speaking, reading, writing practices are also provided in order to avoid limiting language knowledge to only vocabulary and grammar.

In particular, this textbook is designed to strengthen speaking skills while encouraging a balanced development of the four language skills. To this end, speaking tasks include a variety of formats such as conversation, role play, and group activities, and involve different numbers of participants. Through these tasks, it is expected that learners will be able to develop the ability to lead speaking in a variety of situations. In addition, by presenting assignments that combine language skills such as listening and speaking, reading and speaking, and reading and writing, tasks are structured so that oral and written language learning can be closely linked.

This textbook required much effort and dedication before it was published. On behalf of the Ewha Language Center at Ewha Womans University, I would like to express my deepest gratitude to the authors who worked hard day and night to develop an exemplary textbook. In addition, I would like to express my sincere gratitude to the administrative office of Ewha Language Center for their hard work and support in the publication of this textbook. I would also like to sincerely thank Professor Eun-joo Lee and Professor Young-kyu Kim, who provided many suggestions on the textbook structure and content. Lastly, I would like to extend my thanks to the Ewha Womans University Press for editing and publishing this textbook so that it can be published in such a wonderful form.

I hope that this textbook will be widely used as a Korean language textbook in Korea and abroad, contributing greatly to teaching and learning the Korean language easily, enjoyably, and effectively. In addition, I hope it will play a leading role in guiding the future direction of Korean language education.

March 2024
Ewha Language Center at Ewha Womans University
Director Sun-hee Park

교재 구성표

단원	단원명	소단원 1					
		제목	어휘와 표현	문법	듣고 말하기	발음	제목
7	**쇼핑**	동생한테 선물할 노트북을 사려고요	물건	V-을/ㄹ	물건 구입에 대해 듣고 말하기 더 A/V-을까요?/ㄹ까요?	비음화 ③	휴대 전화를 산 지 얼마나 됐어요?
8	**초대와 방문**	우리 반 모임을 하기로 했어요	초대, 방문	V-기로 하다	초대에 대해 듣고 말하기	종성 규칙 후 연음	화분을 주거나 벽시계를 선물해
9	**건강**	약국에 가서 뭘 샀어요?	신체	V-아서/어서	아픈 곳에 대해 듣고 말하기 더 ㅅ 불규칙	ㄴ 첨가	건조하지 않게 물을 자주 드세요
10	**음식**	된장찌개를 먹을래요?	음식 재료	V-을래요/ㄹ래요	먹고 싶은 음식에 대해 듣고 말하기	유음화 ②	한식당에 갈까 해
11	**교통**	길이 많이 막히네요	버스, 택시 이용	A/V-네요	약속에 늦은 이유에 대해 듣고 말하기	비음화 ④	시간이 30분밖에 안 걸려요?
12	**축하와 감사**	마지막이라서 섭섭해	감정	A/V-아/어 (반말) 더 응, 아니 N아/야	대인관계에 대해 듣고 말하기	억양과 의미	힘내! 다 잘될 거

소단원 2			소단원 3				문화
어휘와 표현	문법	읽고 말하기	제목	문법	듣고 말하기	읽고 쓰기	
물건의 특징	V-은 지/ㄴ 지	물건 교환, 환불에 대해 읽고 말하기	원피스가 잘 어울릴 것 같아요	A-은 것 같다/ ㄴ 것 같다 V-은 것 같다/ ㄴ 것 같다, -는 것 같다, -을 것 같다/ ㄹ 것 같다 더 A-을 것 같다/ ㄹ 것 같다 N일 것 같다	어울리는 것에 대해 듣고 말하기	제품 사용에 대한 글 읽고 쓰기	재래시장
선물	A/V-거나	방문에 대해 읽고 말하기 더 N이나/나	평일에는 바쁘니까 주말에 모일까요?	A/V-으니까/ 니까	모임 계획에 대해 듣고 말하기	모임 경험에 대한 글 읽고 쓰기	방문 선물
증상	A/V-게	증상에 대해 읽고 말하기	식사하기 전에 손을 씻어야 해요	V-기 전(에)	스트레스 관리 방법에 대해 듣고 말하기	건강에 좋은 생활 습관에 대한 글 읽고 쓰기 더 A-아지다/ 어지다	인삼
요리법	V-을까 하다/ ㄹ까 하다	식당에 대해 읽고 말하기	양파를 넣은 후에 볶으세요	V-은 후(에)/ ㄴ 후(에)	여러 나라 음식에 대해 듣고 말하기	기억에 남는 음식에 대한 글 읽고 쓰기	오곡밥과 팥죽
교통 이용	N이나/나, N밖에	목적지에 가는 방법에 대해 읽고 말하기 더 A-군요/V-는군요	버스가 편리하기 때문에 많이 이용해요	A/V-기 때문에	여행 계획에 대해 듣고 말하기	대중교통에 대한 글 읽고 쓰기 더 N 때문에	서울의 버스
축하, 위로	V-아/어, V-자 (반말)	축하, 위로에 대해 읽고 말하기	이번 학기도 즐거웠지요?	A/V-지요?	부탁, 거절에 대해 듣고 말하기	감사에 대한 글 읽고 쓰기	정

더 더 알아보기

Table of contents

Subunit 2			Subunit 3				Culture
Vocabulary & expressions	Grammar	Reading & speaking	Title	Grammar	Listening & speaking	Reading & writing	
The characteristics of products	V-은 지/ㄴ 지	Reading and speaking about exchange and refund of products	I think a dress would look good on you	A-은 것 같다/ ㄴ 것 같다 V-은 것 같다/ ㄴ 것 같다, -는 것 같다, -을 것 같다/ ㄹ 것 같다 더 A-을 것 같다/ ㄹ 것 같다 N일 것 같다	Listening and speaking about things that match	Reading and writing about use of products	Traditional market
Gifts	A/V-거나	Reading and speaking about visits 더 N이나/나	Since we're busy on weekdays, should we meet on the weekend?	A/V-으니까/니까	Listening and speaking about party plans	Reading and writing about attending a gathering	Host gifts
Symptoms	A/V-게	Reading and speaking about symptoms	You should wash your hands before eating	V-기 전(에)	Listening and speaking about how to manage stress	Reading and writing about healthy lifestyle habits 더 A-아지다/어지다	Ginseng
Cooking methods	V-을까 하다/ ㄹ까 하다	Reading and speaking about restaurants	After adding the onions, stir fry them	V-은 후(에)/ ㄴ 후(에)	Listening and speaking about food from around the world	Reading and writing about memorable food	Five grain rice and red bean porridge
Taking a train	N이나/나, N밖에	Reading and speaking about how to reach the destination 더 A-군요/V-는군요	I use the bus a lot because it's convenient	A/V-기 때문에	Listening and speaking about travel plans	Reading and writing about public transportation 더 N 때문에	Buses in Seoul
Congratulations and consolation	V-아/어, V-자(반말)	Reading and speaking about congratulations and consolation	Was this semester enjoyable too?	A/V-지요?	Listening and speaking about requests and refusals	Reading and writing about expressing gratitude	Affection

더 더 알아보기

교재 구성과 사용법

How to use this book

- 『새 이화 한국어』 2급은 총 200시간 분량의 한국어 교재이다.
  New Ewha Korean LEVEL 2 is a Korean language textbook with a total of 200 hours of lessons.

- 『새 이화 한국어』 2급은 '국제 통용 한국어 표준 교육과정' 2급, '유럽공통참조기준(CEFR)' A2 정도에 해당된다.
  New Ewha Korean LEVEL 2 corresponds to Level 2 of the International Standard Curriculum for Korean Language and A2 of the Common European Framework of Reference for Languages(CEFR).

- 『새 이화 한국어』 2급은 두 권으로 나뉘어 있으며(2-1, 2-2), 『새 이화 한국어 2-1』은 1~6단원, 『새 이화 한국어 2-2』는 7~12단원으로 구성되어 있다.
  New Ewha Korean LEVEL 1 is divided into two volumes (2-1, 2-2) and *New Ewha Korean* 2-1 consists of units 1~6, and *New Ewha Korean* 2-2 consists of units 7~12.

- 각 단원은 세 개의 소단원으로 구성되어 있으며 세부 내용은 아래와 같다.
  Each unit consists of three subunits. The details are as follows.

단원 Unit							
소단원 1 Subunit 1		**소단원 2** Subunit 2		**소단원 3** Subunit 3		문화 Culture	어휘와 표현 확인 Vocabulary and expressions check
어휘와 표현	Vocabulary and expressions	어휘와 표현	Vocabulary and expressions	문법	Grammar		
문법	Grammar	문법	Grammar	듣고 말하기	Listening and speaking		
듣고 말하기	Listening and speaking	읽고 말하기	Reading and speaking	읽고 쓰기	Reading and writing		
발음	Pronunciation						

- 말하기 활동에 다양한 아이콘이 사용되는데, 그 의미는 다음과 같다.
  Various symbols are used for speaking activities, and their meanings are as follows.

아이콘 Symbol	**의미** Meaning
	짝 활동(짝이 바뀌지 않음) pair work (not changing a partner)
	짝 활동(짝이 바뀜) pair work (with changing partners)
	3~4명 그룹 활동 group work of 3-4 people
	교실 발표 a classroom presentation

- 듣기 자료는 이화여자대학교출판문화원 홈페이지에서 내려받을 수 있으며, 교재의 QR 코드를 통해 바로 접근할 수도 있다.
  The audio can be downladed from the Ewha Womans University Press website(www.ewhapress.com) or by scanning the QR code in the textbook.

단원 표지

Unit cover page

- 단원의 제목과 소단원의 학습 목표와 내용을 알려 준다.
  The title of the unit and the objectives and contents of each subunit are presented.

- 사진 자료로 각 소단원의 주제를 알 수 있도록 보여 준다.
  Pictures relevant to the topic of each subunit are presented.

- 각 소단원의 주제 관련 표현을 제시하여 학습자들이 그 표현과 관련된 사진을 찾아보게 함으로써 각 소단원의 주제를 인지하고 배경지식을 활성화할 수 있게 한다.
  Learners are encouraged to match the pictures with the expressions provided in order to recognize the topics of the subunits and activate their background knowledge.

어휘와 표현

Vocabulary and expressions

소단원 subunit 1, 2

- 주제별로 선정된 목표 어휘와 표현을 사진이나 그림과 함께 제시하여 의미를 유추할 수 있도록 구성하였다.
  The target vocabulary and expressions selected for each topic are presented with pictures so that learners can infer the meaning.

- 어휘와 표현은 기본형이 아닌 '-아요/어요' 등을 활용한 형태로 제시하였다.
  The vocabulary and expressions are presented in the form of -아요/어요, instead of basic forms.

- 배운 어휘와 표현을 사용해서 위의 사진이나 그림에 대해 또는 자기 자신에 대해 이야기하는 말하기 연습이다.
  This is a speaking exercise where learners use the vocabulary and expressions they have learned to talk about the pictures above or themselves.

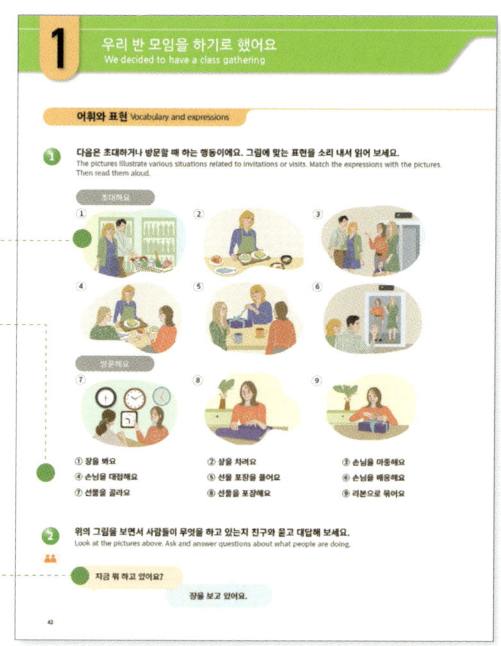

문법

Grammar

소단원 subunit **1, 2, 3**

- 목표 문법이 사용되는 전형적인 대화 또는 짧은 읽기 텍스트를 사진이나 그림과 함께 제시함으로써 학습자가 문법의 의미를 유추할 수 있게 하였다.

  Typical conversations or a short reading text using the target grammar are presented along with pictures to help learners to infer its meaning.

- 주어진 정보를 보고 배운 문법을 사용해서 질문하고 대답하는 연습이다.

  This exercise involves asking and answering questions using the target grammar and given information.

- 서로 질문하고 대답한 후에 상대방한테서 들은 내용을 써 보는 연습이다.

  This is a pair work of asking and answering questions to each other and writing down the partner's answers.

- 목표 문법이 사용되는 대화 4개와 문법의 의미, 형태 정보를 제시하였다. 형태 변화가 없는 경우에는 형태 정보를 제시하지 않았다.

  Four example sentences using the target grammar are presented with explanations of its meaning and form. If there are no morphological changes, the information about the form is not included.

- 배운 문법을 사용해서 질문과 대답을 연결하고 대화를 들어 보는 연습이다.

  This exercise involves matching questions and answers using the grammar learned and listening to conversations.

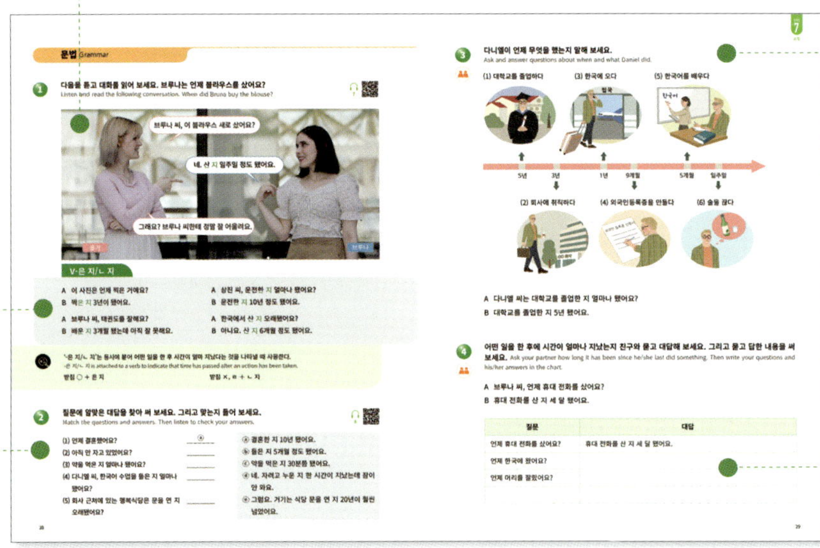

- 소단원 1, 2의 문법 익히기 3번 연습에 '정보 차 활동'이 들어간 경우가 있다.

  In some units, 'information gap activities' are included in exercise 3 of subunits 1 and 2.

- 학생 A와 학생 B의 활동지가 다르며, 학생 A는 해당 페이지에 있는 활동지를 사용하고 학생 B는 책 뒤쪽 부록에 있는 활동지를 사용하면 된다.

  Student A and Student B have different activity sheets, and Student A should use the activity sheet on the page and Student B should use the activity sheet at the back of the book.

- 학생 A는 (1), (3), (5), (7)번을 먼저 질문하고, 학생 B는 (2), (4), (6), (8)번을 먼저 질문한다.

  Student A asks questions (1), (3), (5), and (7) first, and Student B asks questions (2), (4), (6) and (8) first.

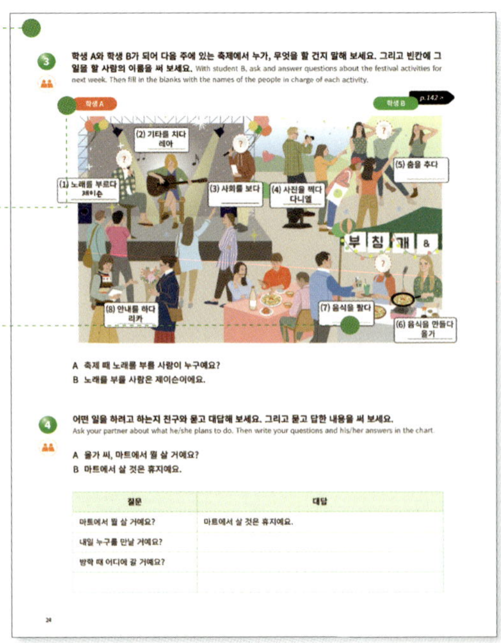

듣고 말하기

Listening and speaking

소단원 subunit 1, 3

- 듣고 말하기의 도입이다. 사진이나 그림을 제시하여 듣거나 말할 내용을 추측해 보고 어휘나 표현을 학습하는 데에 도움이 되도록 하였다.

  This is the introduction to listening and speaking. Pictures are presented to help learners predict what they will hear or talk about and learn vocabulary and expressions.

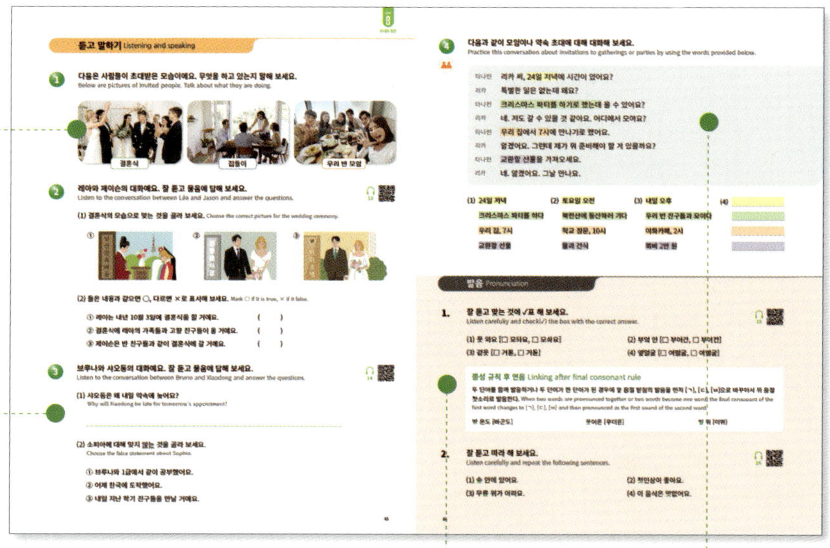

- 듣기 단계이다. 대화의 난이도와 길이에 따라 2번과 3번으로 나누어 제시하였다. 또한 들은 내용을 확인하는 문제를 제시하여 학습자가 무엇에 중점을 두고 들어야 하는지 안내하였다.

  This is the listening stage. Two listening passages are presented with differing difficulty and length. Additionally, questions are provided to check understanding of the content and guide learners what to focus on while listening.

- 말하기 단계이다. 들은 내용과 관련하여 짧은 대화를 구성하는 것이다. 색깔로 표시된 부분을 교체해서 연습할 수 있도록 하였다.

  This is the speaking stage. It is about constructing a short conversation about what you have heard. Learners can practice speaking by replacing the colored parts.

- 소단원 1의 말하기 또는 해당 단원과 관련 있는 발음 규칙을 배울 수 있도록 제시하였다. 먼저 발음을 들어 보고 발음 규칙을 배운 후에 발음에 맞게 따라 해 보게 하였다.

  The pronunciation rules related to the unit are presented. First, learners listen to the pronunciation, learn the rules, and practice the pronunciation correctly.

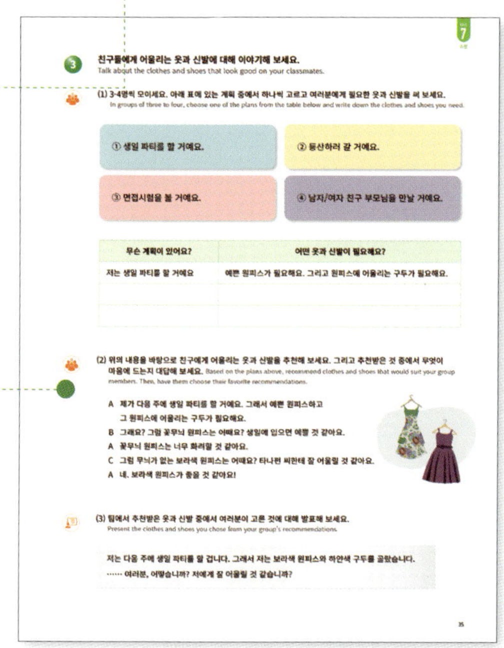

- 소단원 1과는 달리 소단원 3의 4번 연습에는 그룹으로 진행하는 말하기 활동을 제시하였다. 보통 (1)번은 짝 활동, (2)번은 그룹 활동, (3)번은 발표 형식으로 이루어져 있다. 학습자 간의 다양한 상호 작용을 통해 해당 단원에서 배운 표현을 내재화하고 언어 사용의 유창성을 키우게 하였다.

  Unlike subunit 1, exercise 4 in subunit 3 is a speaking activity conducted as a group. Usually, (1) indicates pair work. (2) indicates group activities, and (3) indicates presentation activities. Through various interactions, the target expressions learned in the unit are internalized, and learners can increase fluency.

읽고 말하기

Reading and speaking

소단원 subunit 2

- 읽기의 도입 사진 또는 그림이다. 읽을 내용을 추측해 보고 어휘나 표현을 학습하는 데에 도움이 된다.

  This is an introduction to the reading. Pictures are presented to help learners predict the content of the reading and learn vocabulary and expressions.

- 읽기 텍스트이다. 학습자의 수준에 맞는 다양하고 실제적인 텍스트를 제시하였다.

  This is a reading text. Various and practical texts suitable for the learners' levels are presented.

- 말하기 단계이다. 읽은 주제와 관련된 내용으로 역할극을 수행하도록 하였다.

  This is the speaking stage where learners perform a role play based on the topic they have read.

- 상황, 내용, 대화자의 역할 등을 그림과 설명으로 제시하였다.

  The situation, content, and role of the interlocutor are presented in pictures and explanations.

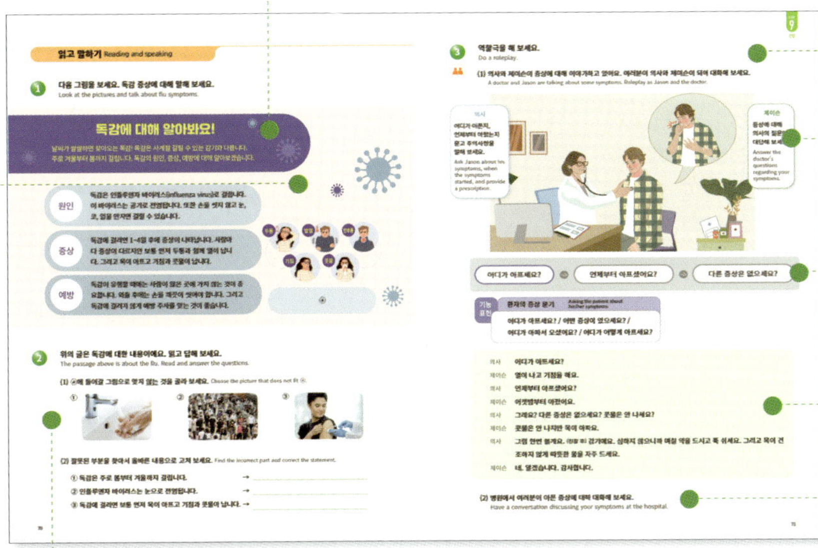

- 읽기 단계이다. 읽은 내용을 확인하는 문제를 제시하여 학습자 스스로 이해도를 점검해 볼 수 있게 하였다.

  This is the reading stage. Comprehension questions are presented so that learners can check their understanding.

- 대화의 주요 핵심 질문을 도식으로 제시했고, 이때 필요한 기능 표현을 제시하였다.

  The main questions of the conversation are presented as a diagram, and the functional expressions are provided.

- 모범 대화문이다.

  This is a model dialogue.

- 자신의 경험과 생각을 바탕으로 말할 수 있는 확장 연습이다.

  This is an expanded practice where learners can freely engage in the conversation based on their own experiences and thoughts.

읽고 쓰기

Reading and writing

소단원 subunit 3

- 소단원 3의 읽기에서는 소단원 2와 텍스트 분량 및 유형, 읽기 활동을 다르게 제시하였다.
  The reading section in subunit 3 differs from that of subunit 2 in terms of length, type, and reading activities.

- 읽기의 도입 사진 또는 그림이다. 읽을 내용을 추측해 보고 어휘나 표현을 학습하는 데에 도움이 된다.
  This is the introduction to reading. Pictures are presented to help learners predict the content to read and learn vocabulary and expressions.

- 쓰기 단계이다. 읽은 텍스트와 유사한 종류의 글을 써 보게 하였다.
  This is the writing stage. It involves writing similar to what the learners have read.

- 먼저 실제 쓸 내용을 구상할 수 있도록 관련된 질문을 넣어 쓰기를 준비하도록 하였다.
  First, learners are presented with relevant questions that help them brainstorm contents for the writing.

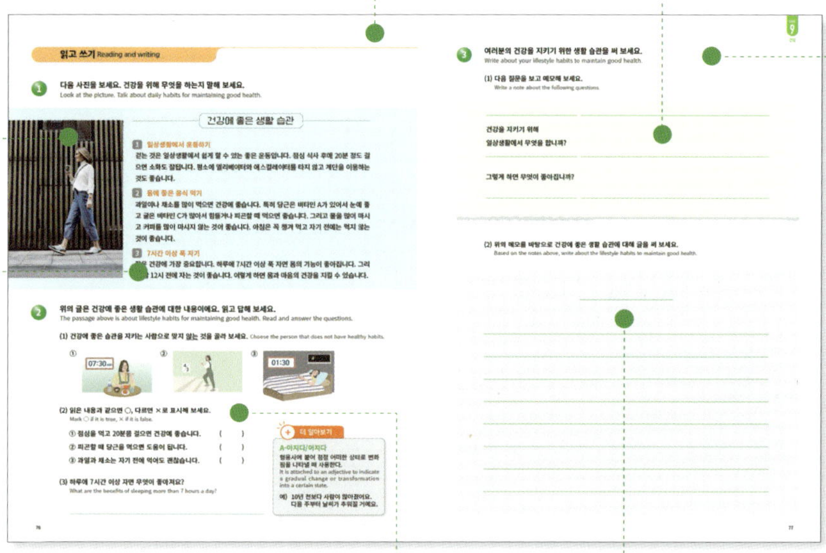

- 읽기 텍스트이다. 학습자의 수준에 맞는 다양하고 실제적인 텍스트를 제시하였다.
  This is a reading text. Various and practical texts suitable for the learners' level are presented.

- 읽기 단계이다. 읽은 내용을 확인하는 문제를 제시하여 학습자 스스로 이해도를 점검해 볼 수 있게 하였다.
  This is the reading stage. Comprehension questions are presented so that learners could check their understanding independently.

- 질문에 대해 작성한 메모를 바탕으로 글을 완성하도록 하여 과정 중심 글쓰기가 이루어지도록 구성하였다.
  Learners are guided through process-oriented writing as they complete their writing based on the notes they wrote for the questions above.

문화

Culture

- 문화는 먼저 해당 단원의 주제와 관련된 한국 문화의 내용에 대해 생각해 보게 하였다.
  The cultural section requires learners to explore Korean cultural aspects related to the topic of the unit.

- 시각 자료 및 텍스트를 보며 문화에 대해 알아보게 하였다.
  With visuals and texts, learners are able to understand the Korean culture.

- 문화에 대한 이해를 바탕으로 상호문화적인 관점에서 자신의 생각을 이야기해 보도록 하였다.
  Learners are encouraged to share their thoughts from an intercultural perspective about the Korean culture presented above.

- 문화에 대해 더 잘 이해할 수 있도록 부록에 해당 한국 문화에 대한 자세한 설명을 번역과 함께 제시하였다.
  In order to better understand the culture, a detailed explanation of the Korean culture is presented in the appendix along with the translation.

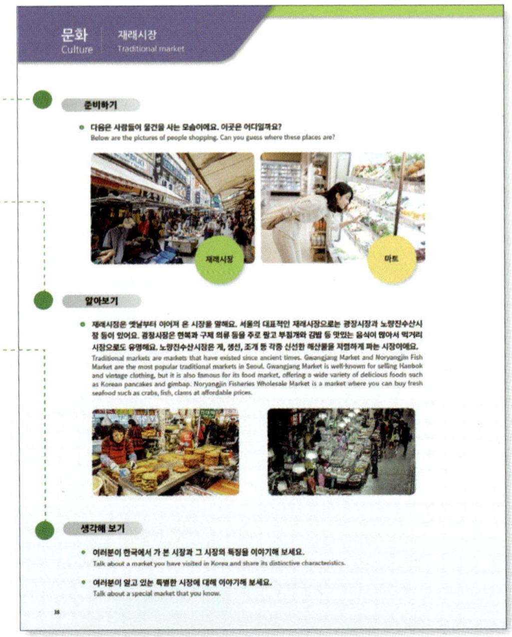

어휘와 표현 확인

Vocabulary and expressions check

- 해당 단원에서 나온 모든 신출 어휘와 표현을 번역과 함께 제시하여 학습자 스스로 의미를 확인해 보도록 구성하였다.
  All new vocabulary and expressions from the unit are presented with translations to enable learners to verify their meanings.

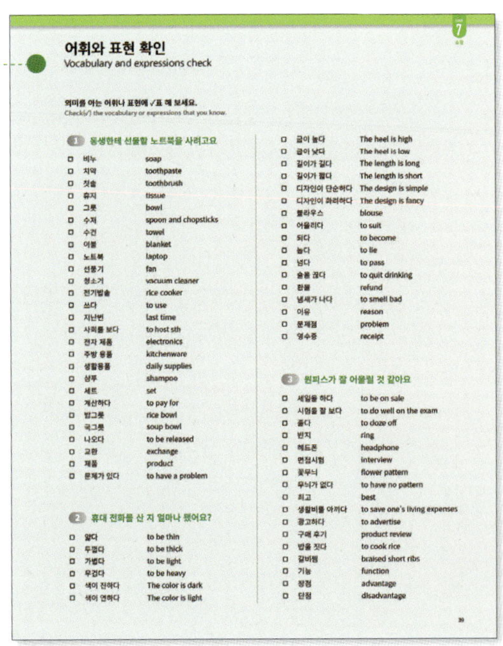

차 례

Contents

등장인물
Characters

ELC: Ewha Language Center

7 단원 Unit

쇼핑
Shopping

1 동생한테 선물할 노트북을 사려고요
I am planning to buy a laptop for my brother

▫ 물건
Vocabulary and expressions: Products

▫ V-을/ㄹ
Grammar: V-을/ㄹ

▫ 물건 구입에 대해 듣고 말하기
Listening and speaking about purchasing products

* 비음화 ③
Pronunciation: Nasalization ③

2 휴대 전화를 산 지 얼마나 됐어요?
How long have you had your cell phone?

▫ 물건의 특징
The characteristics of products

▫ V-은 지/ㄴ 지
Grammar: V-은 지/ㄴ 지

▫ 물건 교환, 환불에 대해 읽고 말하기
Reading and speaking about exchange and refund of products

3 원피스가 잘 어울릴 것 같아요
I think a dress would look good on you

▫ A-은 것 같다/ㄴ 것 같다
V-은 것 같다/ㄴ 것 같다, -는 것 같다,
-을 것 같다/ㄹ 것 같다
Grammar: A-은 것 같다/ㄴ 것 같다
V-은 것 같다/ㄴ 것 같다, -는 것 같다,
-을 것 같다/ㄹ 것 같다

▫ 어울리는 것에 대해 듣고 말하기
Listening and speaking about things that match

▫ 제품 사용에 대한 글 읽고 쓰기
Reading and writing about use of products

문화 | 재래시장
Culture: Traditional market

1

2

3

다음 표현에 알맞은 사진을 찾아서 번호를 써 보세요.

Match the expressions with the pictures and write the number in the box.

- ☐ 기능이 많아요.
- ☐ 카드로 계산해요.
- ☐ 영수증을 주세요.

1 동생한테 선물할 노트북을 사려고요
I am planning to buy a laptop for my brother

어휘와 표현 Vocabulary and expressions

1 다음은 여러 가지 물건이에요. 어휘를 소리 내서 읽어 보세요.
Here is a list of products. Read the words aloud.

① 비누 ☐

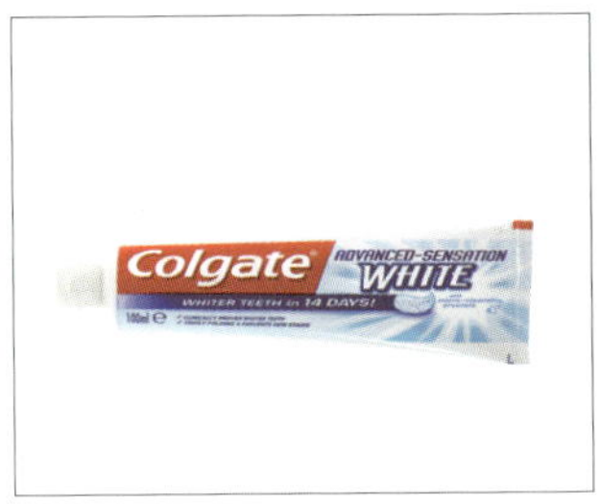

② 치약 ☐

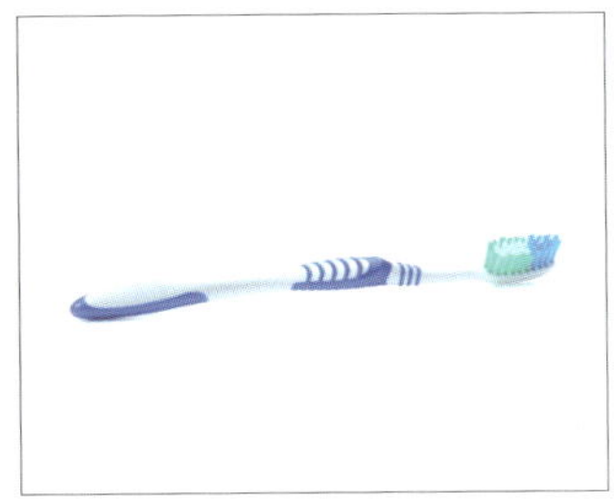
③ 칫솔 ☐

④ 휴지 ☐

⑤ 그릇 ☐

⑥ 수저 ☐

⑦ 수건 ☐

⑧ 이불 ☐

⑨ 노트북 ☐

⑩ 선풍기 ☐

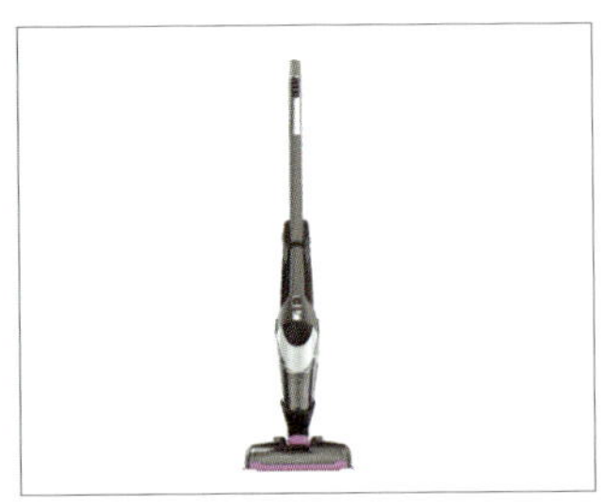
⑪ 청소기 ☐

⑫ 전기밥솥 ☐

2 위의 그림에서 여러분이 필요한 물건을 골라 ✓표 해 보세요. 그리고 여러분이 필요한 물건에 대해 친구와 묻고 대답해 보세요. Choose the products you need from the pictures above and check(✓) the boxes. Then ask and answer the questions about them.

뭐가 필요해요?

비누가 없어서 비누를 사야 해요.

문법 Grammar

1 **대화를 듣고 다음 질문에 알맞은 답을 골라 보세요.**
Listen to the conversations and choose the correct answers.

(1) 내일 누구를 만날 거예요?

① 고향 친구를 만날 거예요.
② 동아리 친구를 만날 거예요.

(2) 금요일에 뭐 할 거예요?

① 회사에서 일할 거예요.
② 친구와 저녁을 먹을 거예요.

V-을/ㄹ

A 그 옷은 뭐예요?
B 여행할 때 입을 청바지예요.

A 이사할 집은 구했어요?
B 네. 지난주에 계약을 했어요.

A 지유 씨, 뭐 하고 있어요?
B 주말에 볼 영화를 예매하고 있어요.

A 한 달 동안 제주도에서 살 계획이에요.
B 좋겠어요. 놀러 가도 돼요?

'-을/ㄹ'은 동사에 붙어 명사를 수식하게 하며 미래에 일어날 상황이나 행위에 대한 예정 등을 나타낼 때 사용한다.
-을/ㄹ is attached to a verb, modifying the following noun to indicate future situations or actions.

받침 ○ + 을　　　받침 ×, ㄹ + ㄹ

2 **질문에 알맞은 대답을 찾아 써 보세요. 그리고 맞는지 들어 보세요.**
Match the questions and answers. Then listen to check your answers.

(1) 어제 뭘 샀어요? __ⓓ__
(2) 백화점에 왜 가요? ______
(3) 오늘 배울 요리가 뭐예요? ______
(4) 한국어 말하기가 어려워요? ______
(5) 주말에 갈 식당을 예약했어요? ______

ⓐ 집에서 쓸 작은 청소기를 사려고요.
ⓑ 아직 못 했는데 지난번에 간 곳은 어때요?
ⓒ 오늘 만들 요리는 몸에 좋은 삼계탕이에요.
ⓓ 고향에 있는 동생한테 보낼 선물을 샀어요.
ⓔ 네. 그래서 말하기 연습을 도와줄 한국인 친구가 필요해요.

3 학생 A와 학생 B가 되어 다음 주에 있는 축제에서 누가, 무엇을 할 건지 말해 보세요. 그리고 빈칸에 그 일을 할 사람의 이름을 써 보세요. With student B, ask and answer questions about the festival activities for next week. Then fill in the blanks with the names of the people in charge of each activity.

학생 A

학생 B p.142 >

A 축제 때 노래를 부를 사람이 누구예요?

B 노래를 부를 사람은 제이슨이에요.

4 어떤 일을 하려고 하는지 친구와 묻고 대답해 보세요. 그리고 묻고 답한 내용을 써 보세요.
Ask your partner about what he/she plans to do. Then write your questions and his/her answers in the chart.

A 올가 씨, 마트에서 뭘 살 거예요?

B 마트에서 살 것은 휴지예요.

질문	대답
마트에서 뭘 살 거예요?	마트에서 살 것은 휴지예요.
내일 누구를 만날 거예요?	
방학 때 어디에 갈 거예요?	

듣고 말하기 Listening and speaking

1 다음은 마트의 모습이에요. 무엇을 살 수 있는지 말해 보세요.
Below are pictures of a supermarket. Discuss the various items available for purchase.

전자 제품

주방 용품

생활용품

2 제이슨과 브루나의 대화예요. 잘 듣고 물음에 답해 보세요.
Listen to the conversation between Jason and Bruna and answer the questions.

3

(1) 들은 내용과 같으면 ◯, 다르면 ×로 표시해 보세요.
Mark ◯ if it is true, × if it is false.

① 브루나는 필요한 물건을 모두 골랐어요. (　　　)
② 두 사람은 지난주에 같이 캠핑을 했어요. (　　　)
③ 제이슨은 집에서 쓸 치약이 필요해요. (　　　)

(2) 브루나가 추천한 물건으로 맞는 것을 골라 보세요.
Choose the items that Bruna recommended.

① 

② 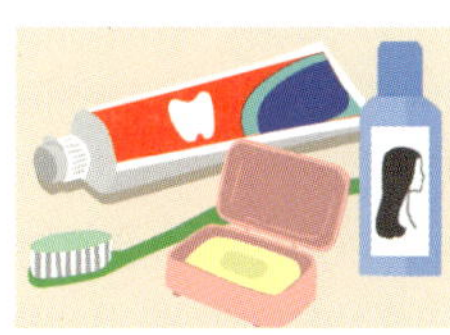

③ 

3 타나펀과 점원의 대화예요. 잘 듣고 물음에 답해 보세요.
Listen carefully to the conversation between the clerk and Thanaporn and answer the questions.

4

(1) 타나펀은 그릇을 왜 샀어요?
Why did Thanaporn buy bowls?

____

(2) 타나펀이 산 그릇에 대해 맞지 않는 것을 골라 보세요.
Choose the false statement about bowls that Thanaporn purchased.

① 예쁘고 가벼워요.　② 선물로 인기가 많아요.　③ 10% 할인받았어요.

4

다음과 같이 가게에서 물건 구입에 대해 대화해 보세요.

Practice this conversation about purchasing items using the words provided below.

점원	어서 오세요. 뭘 찾으세요?
레아	동생한테 선물할 노트북을 사려고요.
점원	이 노트북은 어떠세요? 새로 나왔는데 인기가 많아요.
레아	다른 건 없을까요?
점원	그럼 이 노트북은 어떠세요?
레아	이게 좋겠어요. 그런데 교환이 가능할까요?
점원	그럼요. 사용하지 않으시면 교환하실 수 있어요.
레아	그럼 이걸로 계산해 주세요.

(1)	(2)	(3)	(4)
동생한테 선물하다	할머니께 드리다	제가 쓰다	
노트북	가방	청소기	
인기가 많다	디자인이 예쁘다	가격이 싸다	
사용하지 않다	마음에 안 들다	일주일 안에 가져오다	

+ 더 알아보기

A/V-을까요?/ㄹ까요?

형용사, 동사에 붙어 추측하며 질문할 때 사용한다.

It is attached to an adjective or a verb and used to form interrogative sentences for making guesses.

예) 이 옷이 저한테 클까요?
리카가 시험을 잘 봤을까요?

발음 Pronunciation

1. 잘 듣고 맞는 것에 ✓표 해 보세요.

Listen carefully and check(✓) the box with the correct answer.

5

(1) 나왔는데 [□ 나완는데, □ 나왇는데]

(2) 불꽃놀이 [□ 불꼳노리, □ 불꼰노리]

(3) 존댓말 [□ 존댄말, □ 존댇말]

(4) 바닷물 [□ 바단물, □ 바닫물]

비음화 ③ Nasalization ③

받침소리 [ㄷ]은 뒤에 'ㄴ'이나 'ㅁ'이 오면 [ㄴ]으로 발음한다.

The final consonant sound [ㄷ] is pronounced as [ㄴ] when ㄴ or ㅁ comes after it.

닫는 [단는]　　첫눈 [천눈]　　잇몸 [인몸]　　겉모양 [건모양]

2. 잘 듣고 따라 해 보세요.

Listen carefully and repeat the sentences.

6

(1) 계속 콧물이 나와요.

(2) 몇 명으로 예약했어요?

(3) 한국어 수업은 1시에 끝나요.

(4) 요즘 재미있는 드라마가 뭐예요?

2 휴대 전화를 산 지 얼마나 됐어요?
How long have you had your cell phone?

어휘와 표현 Vocabulary and expressions

1 **다음은 물건의 특징이에요. 그림에 맞는 표현을 소리 내서 읽어 보세요.**
The pictures illustrate the characteristics of products. Match the expressions with the pictures. Then read them aloud.

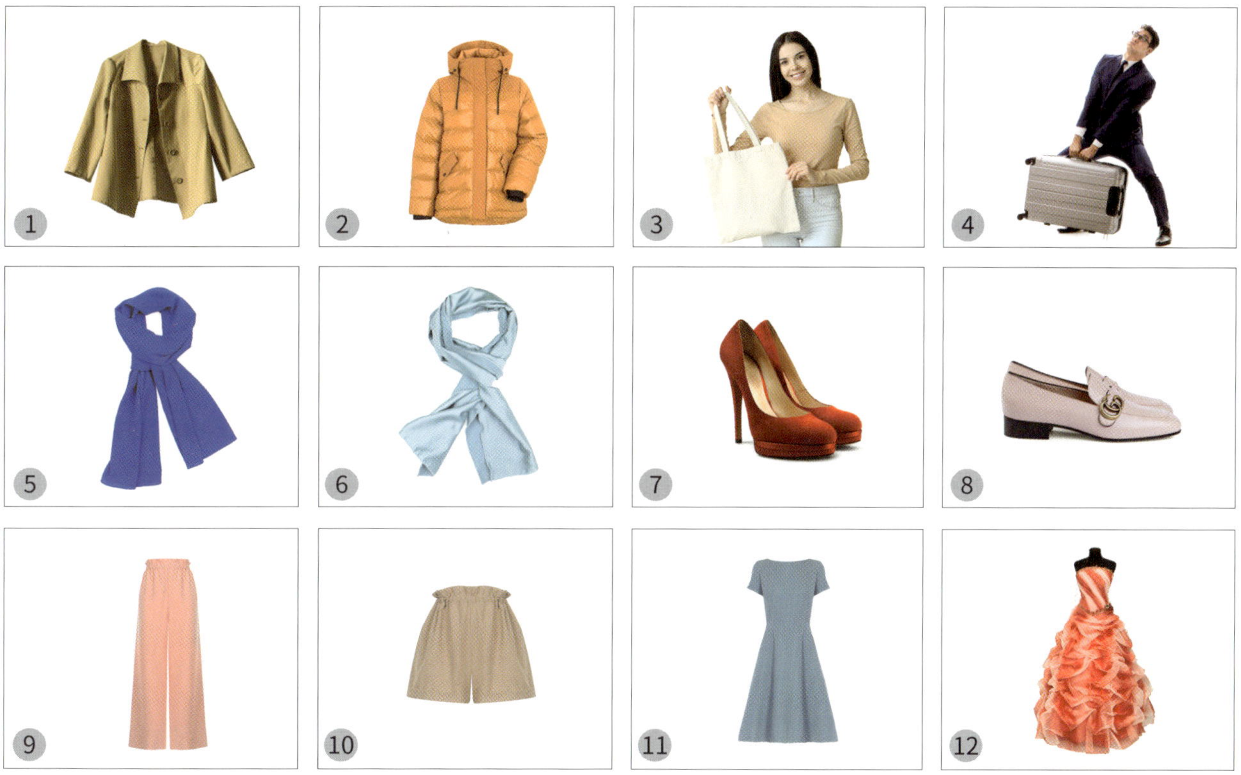

① 얇아요	② 두꺼워요	③ 가벼워요	④ 무거워요
⑤ 색이 진해요	⑥ 색이 연해요	⑦ 굽이 높아요	⑧ 굽이 낮아요
⑨ 길이가 길어요	⑩ 길이가 짧아요	⑪ 디자인이 단순해요	⑫ 디자인이 화려해요

2 **위의 그림을 보면서 물건에 대해 친구와 묻고 대답해 보세요.**
Look at the pictures above and ask and answer questions about the products.

이 옷이 어때요?

얇아요.

문법 Grammar

1 다음을 듣고 대화를 읽어 보세요. 브루나는 언제 블라우스를 샀어요?

Listen and read the following conversation. When did Bruna buy the blouse?

7

V-은 지/ㄴ 지

A 이 사진은 언제 찍은 거예요?
B 찍은 지 3년이 됐어요.

A 브루나 씨, 태권도를 잘해요?
B 배운 지 3개월 됐는데 아직 잘 못해요.

A 상진 씨, 운전한 지 얼마나 됐어요?
B 운전한 지 10년 정도 됐어요.

A 한국에서 산 지 오래됐어요?
B 아니요. 산 지 6개월 정도 됐어요.

'-은 지/ㄴ 지'는 동사에 붙어 어떤 일을 한 후 시간이 얼마 지났다는 것을 나타낼 때 사용한다.
-은 지/ㄴ 지 is attached to a verb to indicate that time has passed after an action has been taken.

받침 ○ + 은 지　　　받침 ×, ㄹ + ㄴ 지

2 질문에 알맞은 대답을 찾아 써 보세요. 그리고 맞는지 들어 보세요.

Match the questions and answers. Then listen to check your answers.

8

(1) 언제 결혼했어요? ⓐ
(2) 아직 안 자고 있었어요? ______
(3) 약을 먹은 지 얼마나 됐어요? ______
(4) 다니엘 씨, 한국어 수업을 들은 지 얼마나 됐어요? ______
(5) 회사 근처에 있는 행복식당은 문을 연 지 오래됐어요? ______

ⓐ 결혼한 지 10년 됐어요.
ⓑ 들은 지 5개월 정도 됐어요.
ⓒ 약을 먹은 지 30분쯤 됐어요.
ⓓ 네. 자려고 누운 지 한 시간이 지났는데 잠이 안 와요.
ⓔ 그럼요. 거기는 식당 문을 연 지 20년이 훨씬 넘었어요.

3 다니엘이 언제 무엇을 했는지 말해 보세요.

Ask and answer questions about when and what Daniel did.

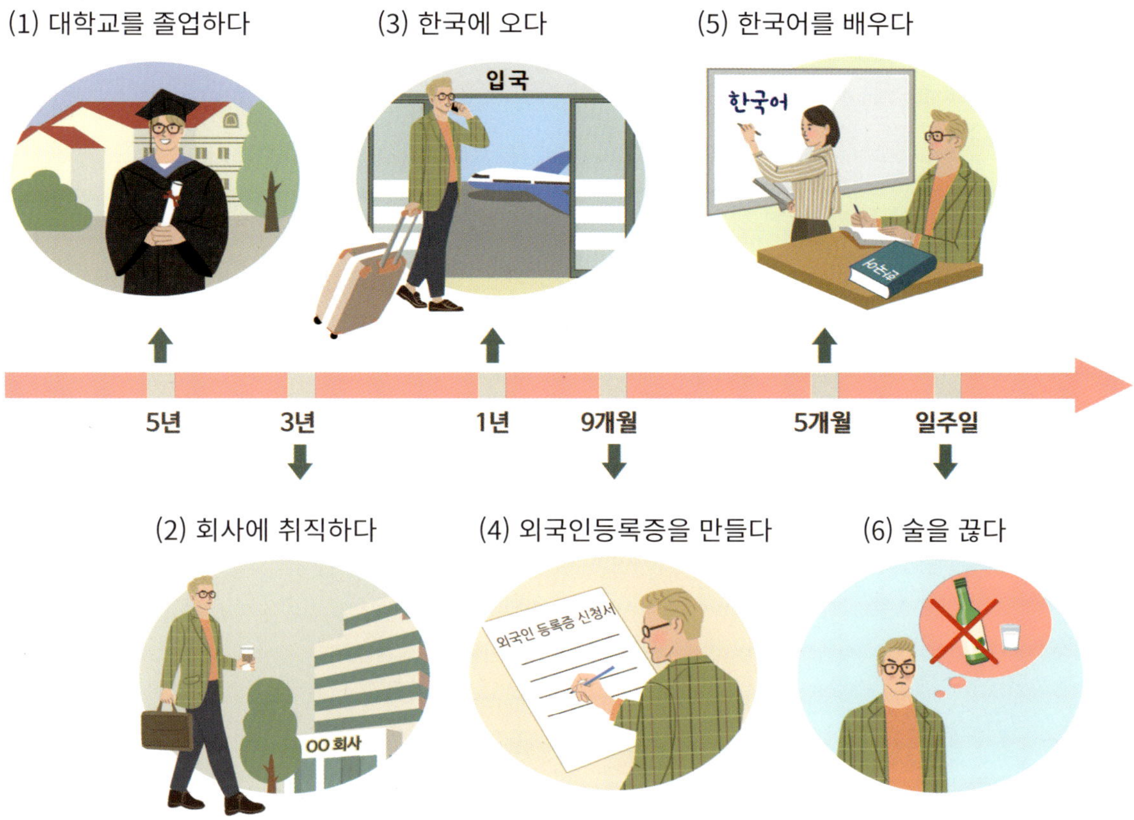

A 다니엘 씨는 대학교를 졸업한 지 얼마나 됐어요?

B 대학교를 졸업한 지 5년 됐어요.

4 어떤 일을 한 후에 시간이 얼마나 지났는지 친구와 묻고 대답해 보세요. 그리고 묻고 답한 내용을 써 보세요. Ask your partner how long it has been since he/she last did something. Then write your questions and his/her answers in the chart.

A 브루나 씨, 언제 휴대 전화를 샀어요?

B 휴대 전화를 산 지 세 달 됐어요.

질문	대답
언제 휴대 전화를 샀어요?	휴대 전화를 산 지 세 달 됐어요.
언제 한국에 왔어요?	
언제 머리를 잘랐어요?	

읽고 말하기 Reading and speaking

1 **다음 글에서 밑줄 친 부분을 보세요. 글이 어떤 내용일지 말해 보세요.**
Look at the underlined parts of the following two texts and try to guess what theses texts are about.

Ⓐ

1:1 문의

주문 번호	20230578
제목	**코트를 환불하고 싶습니다.**
내용	친구 결혼식에 갈 때 입으려고 이 인터넷 쇼핑몰에서 코트를 샀습니다. 색도 예쁘고 디자인도 단순해서 코트는 마음에 듭니다. 그런데 옷에서 냄새가 너무 많이 납니다. 코트를 받은 지 3일이 지났지만 지금도 냄새가 나서 입을 수가 없습니다. 냄새가 너무 나서 환불하고 싶습니다.

Ⓑ

E 이화쇼핑

무엇을 도와드릴까요? AM 10:00

바지를 교환하고 싶습니다. 일할 때 입으려고 편한 청바지를 샀습니다. 3일 전에 샀고 오늘 물건을 받았습니다. 그런데 디자인은 마음에 들지만 사이즈가 작습니다. 저는 55 사이즈를 입어서 55 사이즈를 샀는데 이 옷은 사이즈가 작습니다. 특히 허리가 너무 작아서 불편합니다. 디자인은 마음에 들어서 한 사이즈 큰 걸로 바꾸고 싶습니다. 교환 부탁드립니다. AM 10:05

2 **위의 글은 환불과 교환에 대한 내용이에요. 읽고 답해 보세요.**
The Q&As above are about refunds and exchanges. Read and answer the questions.

(1) Ⓐ에서 알 수 없는 것을 골라 보세요.
Choose the statement that is unknown from Ⓐ.

① 옷의 색 ② 옷의 문제점 ③ 옷을 산 이유

(2) Ⓑ의 내용과 같으면 ○, 다르면 ×로 표시해 보세요.
Mark ○ if it is true about Ⓑ, × if it is false.

① 교환을 한 지 3일이 됐습니다. (　　)
② 옷 사이즈가 작고 불편합니다. (　　)
③ 다른 디자인의 옷으로 바꾸고 싶습니다. (　　)

3 역할극을 해 보세요.

Do a roleplay.

(1) 가게 점원과 리카가 물건 교환에 대해 이야기하고 있어요. 여러분이 가게 점원과 리카가 되어 대화해 보세요.

The clerk and Rika are talking about exchanging shoes. Roleplay as Rika and the clerk.

점원

언제 구두를 샀는지, 어떤 구두로 바꾸고 싶은지 묻고 다른 구두를 추천해 보세요.

Ask Rika when she bought the shoes, what kind of shoes she wants to change to, and recommend different shoes.

리카

구두 교환에 대해 점원의 질문에 대답해 보세요.

Answer the clerk's questions about shoes.

뭘 도와드릴까요? → 언제 사셨어요? → 어떤 구두로 바꾸고 싶으세요? → 이건 어떠세요?

기능 표현 교환 요청하기 Requesting an exchange

교환을 하고 싶어서요. / 다른 걸로 바꿀 수 있을까요? / 교환을 좀 하고 싶은데요.

점원 어서 오세요. 손님, 뭘 도와드릴까요?

리카 제가 여기에서 구두를 샀는데 교환을 하고 싶어서요.

점원 언제 사셨어요? 영수증도 가져오셨어요?

리카 영수증 여기 있어요. 산 지 3일 정도 됐어요.

점원 어떤 구두로 바꾸고 싶으세요?

리카 디자인은 마음에 드는데 굽이 좀 높아서요. 이것보다 굽이 낮은 게 있을까요?

점원 그럼 이건 어떠세요? 굽도 높지 않고 편해요. 한번 신어 보세요.

리카 네. (잠시 후) 마음에 들어요. 이걸로 바꿔 주세요.

(2) 백화점에서 여러분이 교환하고 싶은 물건에 대해 대화해 보세요.

Talk about the items you want to exchange at the department store.

3 원피스가 잘 어울릴 것 같아요
I think a dress would look good on you

문법 Grammar

1 **다음을 읽어 보세요. 내일 백화점에 사람들이 많이 올까요?**
Read the following. Will the department store be crowded tomorrow?

내일부터 우리 동네에 있는 백화점에서 세일을 합니다. 겨울 코트는 50% 할인을 합니다. 그래서 저는 내일 백화점에서 코트를 사려고 합니다. 내일 백화점에 사람들이 많이 올 것 같습니다.

A-은 것 같다/ㄴ 것 같다
V-은 것 같다/ㄴ 것 같다, -는 것 같다, -을 것 같다/ㄹ 것 같다

A 샤니 씨, 오늘 기분이 좋은 것 같아요.
B 네. 시험을 잘 봐서 기분이 좋아요.

A 리카가 전화를 안 받아요?
B 네. 지금 자는 것 같아요.

A 다니엘이 결혼했어요?
B 글쎄요. 결혼 안 한 것 같아요.

A 내일 등산 갈 수 있을까요?
B 내일은 비가 와서 못 갈 것 같아요.

형용사, '이다'에 붙어 '-은 것 같다/ㄴ 것 같다'는 어떤 일의 현재 상태를 추측할 때 사용한다. 동사에 붙어 '-은 것 같다/ㄴ 것 같다'는 과거에 일어난 일, '-는 것 같다'는 현재 일어나거나 반복적으로 일어나는 일, '-을 것 같다/ㄹ 것 같다'는 미래에 일어날 일을 추측할 때 사용한다. -은 것 같다/ㄴ 것 같다 is attached to an adjective and 이다 to guess the current state of something. -은 것 같다/ㄴ 것 같다 is attached to a verbs to indicate the past action and -는 것 같다 is used to express the current or repeated actions. -을 것 같다/ㄹ 것 같다 is used to predict future actions.

A: 받침 ○ + 은 것 같다 / 받침 ×, ㄹ + ㄴ 것 같다
V: 받침 ○ + 은 것 같다, 는 것 같다, 을 것 같다 / 받침 ×, ㄹ + ㄴ 것 같다, 는 것 같다, ㄹ 것 같다
이다 → 인 것 같다

2 **질문에 알맞은 대답을 찾아 써 보세요. 그리고 맞는지 들어 보세요.**
Match the questions and answers. Then listen to check your answers.

(1) 샤오동 씨, 배가 많이 아파요? ⓒ
(2) 리카 씨, 7시까지 올 수 있어요? ______
(3) 수빈 씨, 타나펀은 어디에 살아요? ______
(4) 레아 옆에 있는 사람은 누구예요? ______
(5) 이 책 반납해야 하는데 내일까지 다 읽을 수 있어요? ______

ⓐ 학교 근처에 사는 것 같아요.
ⓑ 레아의 남자 친구인 것 같아요.
ⓒ 네. 아침에 음식을 잘못 먹은 것 같아요.
ⓓ 아니요. 길이 막혀서 좀 늦을 것 같아요.
ⓔ 아니요. 너무 두꺼워서 내일까지 다 못 읽을 것 같아요.

3 다음을 보고 '-은 것 같다/ㄴ 것 같다, -는 것 같다, -을 것 같다/ㄹ 것 같다'를 사용해서 빈칸에 써 보세요. Look at the pictures and write in the blanks using -은 것 같다/ㄴ 것 같다, -는 것 같다, -을 것 같다/ㄹ 것 같다.

(1)

A 학교 앞 식당은 주말에도 열어요?

B 주말에도 열 것 같아요.

(2)

A 내일은 날씨가 어떨까요?

B 내일도 날씨가 ______________.

(3)

A 브루나가 왜 졸까요?

B 어젯밤에 잠을 ______________.

(4)

A 이 반지를 살 거예요?

B 아니요. 반지가 너무 ______________.

(5)

A 리카가 지금 뭐해요?

B 네. 내일이 시험이라서 도서관에서

______________.

+ 더 알아보기

A-을 것 같다/ㄹ 것 같다 N일 것 같다

'-을 것 같다/ㄹ 것 같다'는 형용사에, '일 것 같다'는 명사에 붙어 아직 경험하지 않거나 확인하지 않은 상태를 추측할 때 사용한다. -을 것 같다/ㄹ 것 같다 is attached to an adjective and 일 것 같다 is attached to a noun to speculate a state that has not been experienced or confirmed yet.

예) A 이 바지가 저한테 작을까요?
B 네. 좀 작을 것 같아요.

A 누가 박 선생님이에요?
B 저분이 박 선생님일 것 같아요.

4 상황을 듣고 그 상황에 대해 추측해서 말해 보세요. 그리고 서로 말한 내용을 써 보세요.
Make a guess about the situation your partner tells you. Then write the situations and your guesses in the chart.

올가는 매일 학교에 일찍 와요.

집이 가까운 것 같아요.

상황	추측
올가는 매일 학교에 일찍 와요.	집이 가까운 것 같아요.
제이슨은 여행을 자주 가요.	
레아는 한국 문화를 잘 알아요.	

듣고 말하기 Listening and speaking

1 **다음은 사람들이 쇼핑하는 모습이에요. 어떤 것을 추천하는지 말해 보세요.**
Below are pictures of people shopping. Talk about the items that are being recommended.

2 **리카와 올가의 대화예요. 잘 듣고 물음에 답해 보세요.** 10
Listen to the conversation between Rika and Olga and answer the questions.

(1) 두 사람이 지금 하는 행동으로 맞는 것을 골라 보세요.
Choose the true picture about Rika and Olga.

① 

② 

③ 

(2) 올가가 사용한 헤드폰에 대해 맞지 않는 것을 골라 보세요.
Choose the false statement about Olga's headphones.

① 고장이 났어요.
② 가볍지 않아요.
③ 싫어하는 색이에요.

(3) 리카가 올가에게 파란색 헤드폰을 추천한 이유는 뭐예요?
Why did Rika recommend blue headphones to Olga?

____

3 친구들에게 어울리는 옷과 신발에 대해 이야기해 보세요.

Talk about the clothes and shoes that look good on your classmates.

(1) 3-4명씩 모이세요. 아래 표에 있는 계획 중에서 하나씩 고르고 여러분에게 필요한 옷과 신발을 써 보세요.
In groups of three to four, choose one of the plans from the table below and write down the clothes and shoes you need.

① 생일 파티를 할 거예요.

② 등산하러 갈 거예요.

③ 면접시험을 볼 거예요.

④ 남자/여자 친구 부모님을 만날 거예요.

무슨 계획이 있어요?	어떤 옷과 신발이 필요해요?
저는 생일 파티를 할 거예요	예쁜 원피스가 필요해요. 그리고 원피스에 어울리는 구두가 필요해요.

(2) 위의 내용을 바탕으로 친구에게 어울리는 옷과 신발을 추천해 보세요. 그리고 추천받은 것 중에서 무엇이 마음에 드는지 대답해 보세요. Based on the plans above, recommend clothes and shoes that would suit your group members. Then, have them choose their favorite recommendations.

A 제가 다음 주에 생일 파티를 할 거예요. 그래서 예쁜 원피스하고 그 원피스에 어울리는 구두가 필요해요.
B 그래요? 그럼 꽃무늬 원피스는 어때요? 생일에 입으면 예쁠 것 같아요.
A 꽃무늬 원피스는 너무 화려할 것 같아요.
C 그럼 무늬가 없는 보라색 원피스는 어때요? 타나펀 씨한테 잘 어울릴 것 같아요.
A 네. 보라색 원피스가 좋을 것 같아요!

(3) 팀에서 추천받은 옷과 신발 중에서 여러분이 고른 것에 대해 발표해 보세요.
Present the clothes and shoes you chose from your group's recommendations.

저는 다음 주에 생일 파티를 할 겁니다. 그래서 저는 보라색 원피스와 하얀색 구두를 골랐습니다.
…… 여러분, 어떻습니까? 저에게 잘 어울릴 것 같습니까?

읽고 쓰기 Reading and writing

1 다음 사진을 보세요. 이 제품이 무엇인지 말해 보세요.
Look at the pictures. Talk about what the product is.

제품 리뷰

← → …

이 밥솥이 최고!

저는 혼자 산 지 한 달이 된 회사원입니다. 생활비를 아끼려고 직접 요리를 하게 되었습니다. 요즘 광고하고 있는 H-2302 밥솥을 사면 좋을 것 같아서 인터넷에서 구매 후기를 읽어 봤습니다. 구매 후기가 모두 좋아서 저도 이 밥솥을 사게 됐습니다.

(Ⓐ) 식당에서 먹는 밥보다 더 맛있었습니다. (Ⓑ) 그리고 생각보다 밥을 빠르게 지을 수 있어서 좋았습니다. (Ⓒ) 또 밥을 지은 지 하루가 지났는데 밥이 맛있어서 아주 마음에 들었습니다. 그리고 얼마 전에 친구들이 집에 왔는데 그때 이 밥솥으로 갈비찜을 만들어 봤습니다. 처음 만들어 봤는데 밥솥으로 쉽게 만들 수 있어서 좋았습니다. 가격이 좀 비싸지만 밥솥이 너무 크지 않고 기능도 많아서 정말 편리합니다. 저처럼 혼자 사는 사람들에게 이 밥솥을 추천합니다.

2 위의 글은 제품 사용 후기에 대한 내용이에요. 읽고 답해 보세요.
Read the product review above and answer the questions.

(1) 이 사람에 대한 설명으로 맞는 것을 골라 보세요. Choose the correct statement about the reviewer.

① 다음 달부터 혼자 살 겁니다.
② 돈을 아끼려고 직접 음식을 만듭니다.
③ 친구들이 추천해서 밥솥을 샀습니다.

(2) 읽은 내용과 같으면 ○, 다르면 ×로 표시해 보세요. Mark ○ if it is true, × if it is false.

① 밥을 빨리 지을 수 있습니다. (   )
② 이 밥솥으로 요리하는 것이 어렵습니다. (   )
③ 밥솥의 가격이 비싸고 기능이 많지 않습니다. (   )

(3) 다음 문장이 들어갈 알맞은 곳을 골라 보세요. Choose the appropriate place for the following sentence.

밥솥을 사고 바로 그날 저녁밥을 지어 봤습니다.

① Ⓐ　② Ⓑ　③ Ⓒ

3 제품 사용 후기를 써 보세요.
Write a review of the product.

(1) 다음 질문을 보고 메모해 보세요.
Write a note about the following questions.

왜 그 제품을 사게 됐어요?

그 제품의 장점/단점이 뭐예요?

그 제품을 추천하고 싶어요?

어떤 사람에게 추천하고 싶어요?

(2) 위의 메모를 바탕으로 제품 사용 후기에 대한 글을 써 보세요.
Based on the notes above, write a review of the product.

문화 Culture | 재래시장 Traditional market

준비하기

- 다음은 사람들이 물건을 사는 모습이에요. 이곳은 어디일까요?
  Below are the pictures of people shopping. Can you guess where these places are?

재래시장

마트

알아보기

- 재래시장은 옛날부터 이어져 온 시장을 말해요. 서울의 대표적인 재래시장으로는 광장시장과 노량진수산시장 등이 있어요. 광장시장은 한복과 구제 의류 등을 주로 팔고 부침개와 김밥 등 맛있는 음식이 많아서 먹거리 시장으로도 유명해요. 노량진수산시장은 게, 생선, 조개 등 각종 신선한 해산물을 저렴하게 파는 시장이에요.
  Traditional markets are markets that have existed since ancient times. Gwangjang Market and Noryangjin Fish Market are the most popular traditional markets in Seoul. Gwangjang Market is well-known for selling Hanbok and vintage clothing, but it is also famous for its food market, offering a wide variety of delicious foods such as Korean pancakes and gimbap. Noryangjin Fisheries Wholesale Market is a market where you can buy fresh seafood such as crabs, fish, clams at affordable prices.

생각해 보기

- 여러분이 한국에서 가 본 시장과 그 시장의 특징을 이야기해 보세요.
  Talk about a market you have visited in Korea and share its distinctive characteristics.
- 여러분이 알고 있는 특별한 시장에 대해 이야기해 보세요.
  Talk about a special market that you know.

어휘와 표현 확인
Vocabulary and expressions check

의미를 아는 어휘나 표현에 √표 해 보세요.
Check(√) the vocabulary or expressions that you know.

1 동생한테 선물할 노트북을 사려고요

- ☐ 비누 soap
- ☐ 치약 toothpaste
- ☐ 칫솔 toothbrush
- ☐ 휴지 tissue
- ☐ 그릇 bowl
- ☐ 수저 spoon and chopsticks
- ☐ 수건 towel
- ☐ 이불 blanket
- ☐ 노트북 laptop
- ☐ 선풍기 fan
- ☐ 청소기 vacuum cleaner
- ☐ 전기밥솥 rice cooker
- ☐ 쓰다 to use
- ☐ 지난번 last time
- ☐ 사회를 보다 to host sth
- ☐ 전자 제품 electronics
- ☐ 주방 용품 kitchenware
- ☐ 생활용품 daily supplies
- ☐ 샴푸 shampoo
- ☐ 세트 set
- ☐ 계산하다 to pay for
- ☐ 밥그릇 rice bowl
- ☐ 국그릇 soup bowl
- ☐ 나오다 to be released
- ☐ 교환 exchange
- ☐ 제품 product

2 휴대 전화를 산 지 얼마나 됐어요?

- ☐ 얇다 to be thin
- ☐ 두껍다 to be thick
- ☐ 가볍다 to be light
- ☐ 무겁다 to be heavy
- ☐ 색이 진하다 The color is dark
- ☐ 색이 연하다 The color is light
- ☐ 굽이 높다 The heel is high
- ☐ 굽이 낮다 The heel is low
- ☐ 길이가 길다 The length is long
- ☐ 길이가 짧다 The length is short
- ☐ 디자인이 단순하다 The design is simple
- ☐ 디자인이 화려하다 The design is fancy
- ☐ 블라우스 blouse
- ☐ 어울리다 to suit
- ☐ 되다 to become
- ☐ 눕다 to lie
- ☐ 넘다 to pass
- ☐ 술을 끊다 to quit drinking
- ☐ 환불 refund
- ☐ 냄새가 나다 to smell bad
- ☐ 문제점 problem
- ☐ 이유 reason
- ☐ 영수증 receipt

3 원피스가 잘 어울릴 것 같아요

- ☐ 세일을 하다 to be on sale
- ☐ 시험을 잘 보다 to do well on the exam
- ☐ 졸다 to doze off
- ☐ 반지 ring
- ☐ 헤드폰 headphone
- ☐ 면접시험 interview
- ☐ 꽃무늬 flower pattern
- ☐ 무늬가 없다 to have no pattern
- ☐ 최고 best
- ☐ 생활비를 아끼다 to save one's living expenses
- ☐ 광고하다 to advertise
- ☐ 구매 후기 product review
- ☐ 밥을 짓다 to cook rice
- ☐ 갈비찜 braised short ribs
- ☐ 기능 function
- ☐ 장점 advantage
- ☐ 단점 disadvantage

8 단원 Unit

초대와 방문
Invitations and visits

1 우리 반 모임을 하기로 했어요
We decided to have a class gathering

- 초대, 방문
  Vocabulary and expressions: Invitations and visits
- V-기로 하다
  Grammar: V-기로 하다
- 초대에 대해 듣고 말하기
  Listening and speaking about invitations

* 종성 규칙 후 연음
  Pronunciation: Linking after final consonant rule

2 화분을 주거나 벽시계를 선물해요
I give a potted plant or a wall clock as a gift

- 선물
  Vocabulary and expressions: Gifts
- A/V-거나
  Grammar: A/V-거나
- 방문에 대해 읽고 말하기
  Reading and speaking about visits

3 평일에는 바쁘니까 주말에 모일까요?
Since we're busy on weekdays, should we meet on the weekend?

- A/V-으니까/니까
  Grammar: A/V-으니까/니까
- 모임 계획에 대해 듣고 말하기
  Listening and speaking about party plans
- 모임 경험에 대한 글 읽고 쓰기
  Reading and writing about attending a gathering

문화 | 방문 선물
Culture: Host gifts

1

2

3

다음 표현에 알맞은 사진을 찾아서 번호를 써 보세요.

Match the expressions with the pictures and write the number in the box.

- ☐ 결혼식에 초대해요.
- ☐ 유학생 모임에 오세요.
- ☐ 어른이 계시는 집을 방문했어요.

1 우리 반 모임을 하기로 했어요
We decided to have a class gathering

어휘와 표현 Vocabulary and expressions

1 **다음은 초대하거나 방문할 때 하는 행동이에요. 그림에 맞는 표현을 소리 내서 읽어 보세요.**
The pictures illustrate various situations related to invitations or visits. Match the expressions with the pictures. Then read them aloud.

초대해요

①

②

③

④

⑤

⑥

방문해요

⑦

⑧

⑨

① 장을 봐요　② 상을 차려요　③ 손님을 마중해요
④ 손님을 대접해요　⑤ 선물 포장을 풀어요　⑥ 손님을 배웅해요
⑦ 선물을 골라요　⑧ 선물을 포장해요　⑨ 리본으로 묶어요

2 **위의 그림을 보면서 사람들이 무엇을 하고 있는지 친구와 묻고 대답해 보세요.**
Look at the pictures above. Ask and answer questions about what people are doing.

지금 뭐 하고 있어요?

장을 보고 있어요.

문법 Grammar

1 대화를 듣고 다음 질문에 알맞은 답을 골라 보세요.
Listen to the conversations. Then choose the correct answer to each question.

11

(1) 제이슨은 토요일에 무슨 계획이 있어요?

① 반 모임에 갈 거예요.
② 친구와 영화를 볼 거예요.

(2) 두 사람은 어디에서 만날 거예요?

① 학교 정문에서 만날 거예요.
② 지하철역 앞에서 만날 거예요.

V-기로 하다

A 저녁에 시간 있어요?
B 아니요. 동생이랑 저녁 먹기로 했어요.

A 내일 몇 시에 영화를 볼까요?
B 3시에 보기로 해요.

A 오늘도 도서관에 가요?
B 네. 저 이번 학기에 열심히 공부하기로 했어요.

A 시험이 끝나면 뭐 할 거예요?
B 친구들하고 놀기로 했어요.

'-기로 하다'는 동사에 붙어 어떤 행위에 대하여 그렇게 할 것을 계획하거나 결정함을 나타낸다. 상대에게 제안하거나 약속을 할 때 또는 자신의 결심이나 결정을 이야기할 때 사용한다.
-기로 하다 is attached to a verb to indicate a plan or decision to do something. It is also used to make suggestions or promises to another person.

2 질문에 알맞은 대답을 찾아 써 보세요. 그리고 맞는지 들어 보세요.
Match the questions and answers. Then listen to check your answers.

12

(1) 샤니 씨, 같이 걸을까요? ___ⓑ___
(2) 저녁에 같이 쇼핑하러 갈까요? ______
(3) 레아 씨, 결혼 날짜를 정했어요? ______
(4) 주말에 같이 방 청소를 하면 어때요? ______
(5) 이번 학기가 끝나면 고향에 돌아갈 거예요? ______

ⓐ 좋아요. 주말에 하기로 해요.
ⓑ 좋아요. 기숙사까지 걷기로 해요.
ⓒ 네. 올해 10월에 결혼하기로 했어요.
ⓓ 아니요. 한 학기 더 한국어를 배우기로 했어요.
ⓔ 미안해요. 오늘 룸메이트하고 장을 보기로 했어요.

3 학생 A와 학생 B가 되어 친구와 같이 하고 싶은 것을 제안하고 약속을 정해서 써 보세요.

Suggest what you want to do with student B, make an appointment, and note it down in the following scheduler.

학생 B p.143 >

학생 A (1) 영화를 보다 (2) 저녁을 먹다 (3) 한강에 가다 (4) 백화점에서 쇼핑하다

	일요일	월요일	화요일	수요일	목요일	금요일	토요일
이번 주				부모님과 식사하다		영화를 보기로 했어요.	
다음 주	후배와 공연을 보다						동생과 테니스를 치다

A 샤니 씨, 이번 주 화요일에 같이 영화를 볼까요?

B 미안해요. 그날 머리를 자르러 가기로 했어요. 그럼 이번 주 금요일은 어때요?

A 좋아요. 이번 주 금요일에 영화를 보기로 해요.

4 언제, 무슨 약속이 있는지 친구와 묻고 대답해 보세요. 그리고 친구의 대답을 써 보세요.

Ask your partner what appointment he/she has in the following time. Then write his/her answers in the chart.

A 샤오둥 씨, 주말에 무슨 약속이 있어요?

B 친구와 같이 운동하기로 했어요. 그리고 점심 먹기로 했어요.

시간	무슨 약속이 있어요?
주말	친구와 같이 운동하기로 했어요. 그리고 점심 먹기로 했어요.
방학	
이번 학기	

듣고 말하기 Listening and speaking

1 **다음은 사람들이 초대받은 모습이에요. 무엇을 하고 있는지 말해 보세요.**
Below are pictures of invited people. Talk about what they are doing.

결혼식

집들이

우리 반 모임

2 **레아와 제이슨의 대화예요. 잘 듣고 물음에 답해 보세요.**
Listen to the conversation between Léa and Jason and answer the questions.

13

(1) 결혼식의 모습으로 맞는 것을 골라 보세요. Choose the correct picture for the wedding ceremony.

①

②

③

(2) 들은 내용과 같으면 ○, 다르면 ×로 표시해 보세요. Mark ○ if it is true, × if it false.

① 레아는 내년 10월 3일에 결혼식을 할 거예요. (　　)
② 결혼식에 레아의 가족들과 고향 친구들이 올 거예요. (　　)
③ 제이슨은 반 친구들과 같이 결혼식에 갈 거예요. (　　)

3 **브루나와 샤오동의 대화예요. 잘 듣고 물음에 답해 보세요.**
Listen to the conversation between Bruno and Xiaodong and answer the questions.

14

(1) 샤오동은 왜 내일 약속에 늦어요?
Why will Xiaodong be late for tomorrow's appointment?

____

(2) 소피아에 대해 맞지 않는 것을 골라 보세요.
Choose the false statement about Sophia.

① 브루나와 1급에서 같이 공부했어요.
② 어제 한국에 도착했어요.
③ 내일 지난 학기 친구들을 만날 거예요.

4 다음과 같이 모임이나 약속 초대에 대해 대화해 보세요.

Practice this conversation about invitations to gatherings or parties by using the words provided below.

타나펀　리카 씨, 24일 저녁에 시간이 있어요?

리카　특별한 일은 없는데 왜요?

타나펀　크리스마스 파티를 하기로 했는데 올 수 있어요?

리카　네. 저도 갈 수 있을 것 같아요. 어디에서 모여요?

타나펀　우리 집에서 7시에 만나기로 했어요.

리카　알겠어요. 그런데 제가 뭐 준비해야 할 게 있을까요?

타나펀　교환할 선물을 가져오세요.

리카　네. 알겠어요. 그날 만나요.

(1)	(2)	(3)	(4)
24일 저녁	토요일 오전	내일 오후	______
크리스마스 파티를 하다	북한산에 등산하러 가다	우리 반 친구들과 모이다	______
우리 집, 7시	학교 정문, 10시	이화카페, 2시	______
교환할 선물	물과 간식	회비 2만 원	______

발음 Pronunciation

1. 잘 듣고 맞는 것에 ✓표 해 보세요.

Listen carefully and check(✓) the box with the correct answer.

15

(1) 못 와요 [□ 모돠요, □ 모솨요]　(2) 부엌 안 [□ 부어간, □ 부어칸]

(3) 겉옷 [□ 거톧, □ 거돋]　(4) 옆얼굴 [□ 여펄굴, □ 여벌굴]

종성 규칙 후 연음 Linking after final consonant rule

두 단어를 함께 발음하거나 두 단어가 한 단어가 된 경우에 앞 음절 받침의 발음을 먼저 [ㄱ], [ㄷ], [ㅂ]으로 바꾸어서 뒤 음절 첫소리로 발음한다. When two words are pronounced together or two words become one word, the final consonant of the first word changes to [ㄱ], [ㄷ], [ㅂ] and then pronounced as the first sound of the second word.

밖 온도 [바곤도]　웃어른 [우더른]　잎 위 [이뷔]

2. 잘 듣고 따라 해 보세요.

Listen carefully and repeat the following sentences.

16

(1) 숲 안에 있어요.　(2) 첫인상이 좋아요.

(3) 무릎 위가 아파요.　(4) 이 음식은 맛없어요.

2 화분을 주거나 벽시계를 선물해요
I give a potted plant or a wall clock as a gift

어휘와 표현 Vocabulary and expressions

1 **다음은 사람들이 선물하는 물건이에요. 어휘를 소리 내서 읽어 보세요.**
Here are various gift items. Read the words aloud.

① 떡 ☐

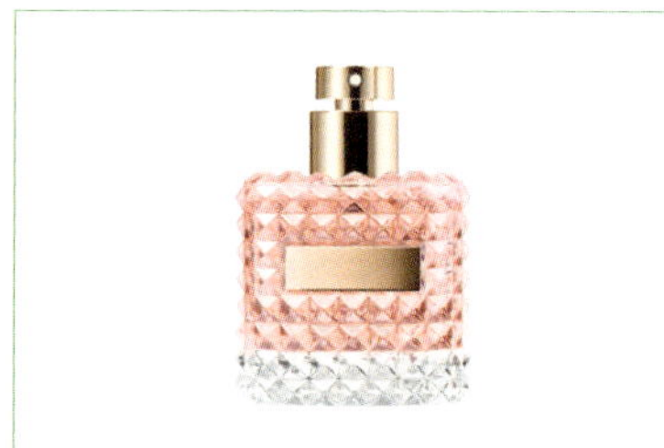

② 향수 ☐

③ 화분 ☐

④ 벽시계 ☐

⑤ 스탠드 ☐

⑥ 꽃다발 ☐

⑦ 곰 인형 ☐

⑧ 과일 바구니 ☐

⑨ 커피 잔 세트 ☐

2 **위의 그림에서 여러분이 선물해 본 적이 있는 물건을 골라 √표 해 보세요. 그리고 그 선물을 누구에게 선물했는지 친구와 묻고 대답해 보세요.**
Choose from the pictures above what you have given as gifts before and check(√) the box. Then ask and answer questions about who that gift was given to.

어떤 선물을 한 적이 있어요?

친구에게 떡을 선물한 적이 있어요.

문법 Grammar

1 **다음을 듣고 대화를 읽어 보세요. 수빈은 리카에게 어떤 선물을 추천했어요?**
Listen and read the conversation. What gift did Subin recommend to Rika?

17

A/V-거나

A 보통 언제 택시를 타요?
B 짐이 많거나 길을 모를 때 택시를 타요.

A 감기에 걸려서 너무 아파요.
B 그럼 약을 먹거나 병원에 가 보세요.

A 슬프거나 외로우면 어떻게 해요?
B 고향에 있는 친구들에게 연락해요.

A 집에서 쉴 때 보통 뭐 해요?
B 드라마를 보거나 음악을 들어요.

'-거나'는 형용사, 동사에 붙어 둘 이상의 행위나 사실 중 하나를 선택함을 나타낸다. 두 가지 이상의 행동이나 상태를 나란히 나열하고 그 가운데 하나를 선택할 때 사용한다.
-거나 is attached to an adjective or a verb to list two or more actions or states and selecting one among them.

2 **질문에 알맞은 대답을 찾아 써 보세요. 그리고 맞는지 들어 보세요.**
Match the questions and answers. Then listen to check your answers.

18

(1) 언제 가족들이 보고 싶어요? ⓒ
(2) 공부가 힘들 때는 어떻게 해요? ______
(3) 내일 친구랑 등산하러 가기로 했어요? ______
(4) 학교 앞에 있는 원룸은 어떻게 구해요? ______
(5) 레아 씨, 결혼 후에 파리에서 살 거예요? ______

ⓐ 음악을 듣거나 잠깐 자요.
ⓑ 인터넷에서 찾아보거나 부동산에 한번 가 보세요.
ⓒ 몸이 아프거나 안 좋은 일이 있을 때 보고 싶어요.
ⓓ 네. 그런데 춥거나 눈이 오면 등산 못 할 것 같아요.
ⓔ 아니요. 저는 서울에서 살거나 다른 도시에서 살고 싶어요.

3 사람들이 다음 상황에서 보통 무엇을 하는지 말해 보세요.

Ask and answer questions about what people usually do in the following occasions.

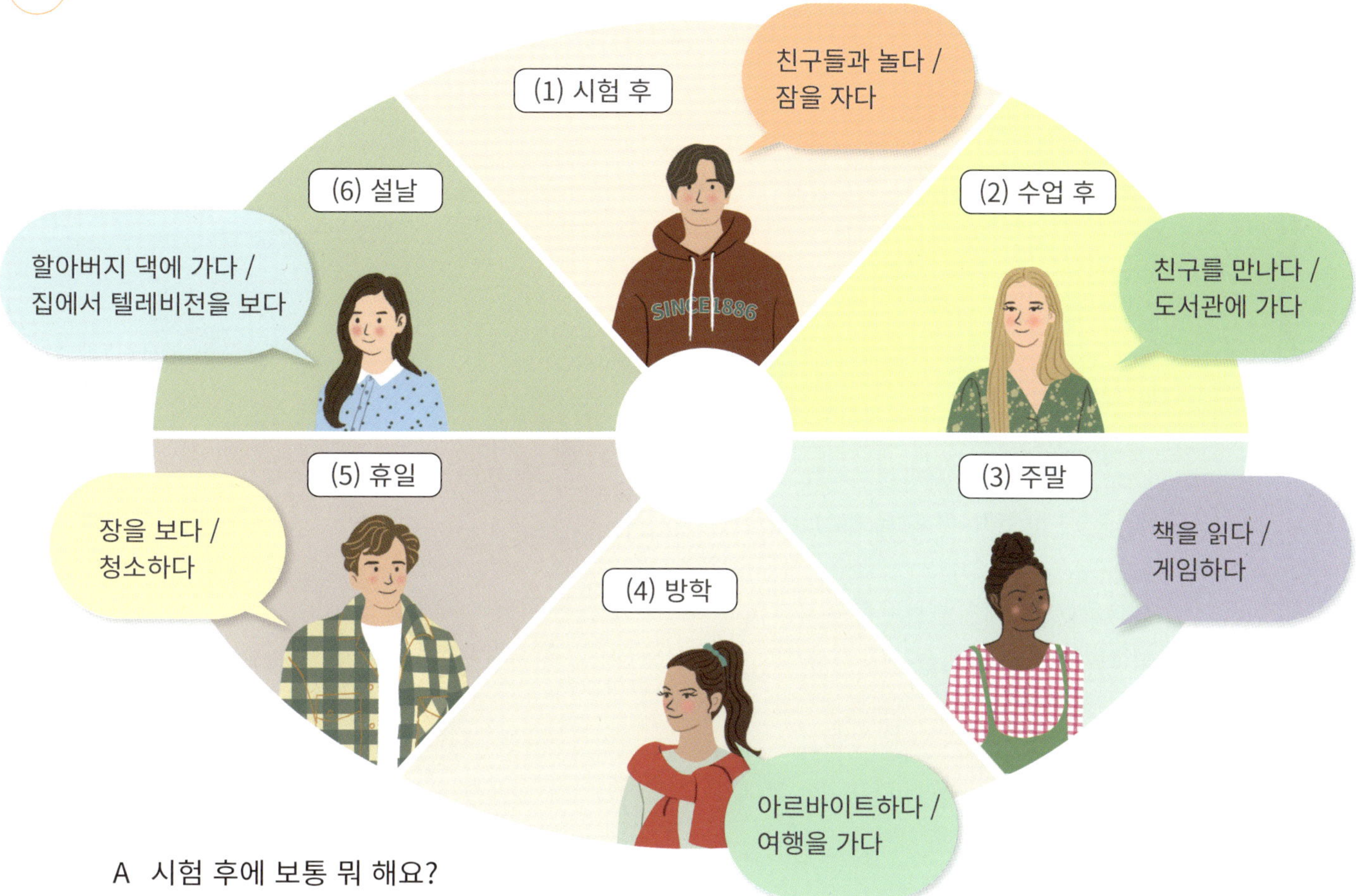

A 시험 후에 보통 뭐 해요?

B 친구들과 놀거나 잠을 자요.

4 다음 상황에서 어떻게 하는지 친구와 묻고 대답해 보세요. 그리고 묻고 답한 내용을 써 보세요.

Ask your partner about what he/she will do in the following situations. Then write your questions and his/her answers in the chart.

A 브루나 씨, 친구가 약속에 늦으면 어떻게 해요?

B 메시지를 보내거나 전화를 해요.

질문	대답
친구가 약속에 늦으면 어떻게 해요?	메시지를 보내거나 전화를 해요.
밤에 잠이 안 오면 어떻게 해요?	
모르는 단어가 있으면 어떻게 해요?	

읽고 말하기 Reading and speaking

1 **다음 그림을 보세요. 리카는 친구 집을 방문해서 무엇을 했는지 말해 보세요.**

Look at the picture. Talk about what Rika did when visiting her friend's house.

12월 16일 토요일

오늘 저는 지유네 집에 갔습니다. 한국에서 어른이 계시는 집에는 처음 가 봤습니다. 선물로 꽃다발이나 꽃바구니를 사려고 했는데 친구네 집 근처에 꽃집이 없어서 과일을 샀습니다.

지유의 어렸을 때 사진을 보는 동안 지유 어머니께서 저녁을 차려 주셨습니다. 식사 전에 저는 지유에게 한국의 식사 예절을 물어봤습니다. 지유는 "한국에서는 어른보다 먼저 식사를 시작하면 안 돼요."라고 말해 줬습니다. 그래서 지유의 부모님께서 식사를 시작하시는 것을 보고 저도 밥을 먹었습니다.

한국에서 저는 보통 혼자 집에서 먹거나 혼자 식당에서 먹습니다. 그래서 지유의 가족과 식사하는 동안 고향에 있는 가족이 생각났습니다. 오늘은 한국 문화도 배우고 가족의 사랑도 느낄 수 있는 날이었습니다.

2 **위의 글은 리카가 친구 집을 방문한 경험에 대한 내용이에요. 읽고 답해 보세요.**

The passage above is about Rika's experience of visiting her friend's house. Read and answer the questions.

(1) 리카가 오늘 한 일로 맞지 않는 것을 골라 보세요.

Choose the false statement about Rika.

① 지유의 부모님께 과일을 드렸습니다.

② 지유와 같이 지유의 사진을 봤습니다.

③ 지유의 부모님보다 먼저 식사를 시작했습니다.

(2) 읽은 내용과 같으면 ◯, 다르면 ×로 표시해 보세요.

Mark ◯ if it is true, × if it is false.

① 지유는 어머니께서 상 차리시는 걸 도와드렸습니다. (　　)

② 리카는 한국에서 보통 친구들과 같이 식사합니다. (　　)

③ 리카는 지유네 집에서 가족의 사랑을 느꼈습니다. (　　)

+ 더 알아보기

N이나/나

명사에 붙어 두 가지 이상을 나열하여 그중에 어떤 것을 선택함을 나타낼 때 사용한다.

It is attached to a noun to list two or more things and indicate a choice among them.

예) 휴가 때 산이나 바다에 가고 싶어요.
보통 카페나 도서관에서 공부해요.

3 역할극을 해 보세요.
Do a roleplay.

(1) 타나펀과 올가가 친구 집을 방문할 때 가져갈 선물에 대해 이야기하고 있어요. 여러분이 타나펀과 올가가 되어 대화해 보세요. Thanaporn and Olga are talking about gifts to take when they visit a friend's house. Roleplay as Thanaporn and Olga.

타나펀

레아의 집에 초대받았어요. 어떤 선물이 좋을지, 그 선물을 어디에서 살 수 있는지 물어보세요.

You and Olga are invited to Léa's. Ask Olga what kind of gift will be good and where to buy it.

올가

레아의 집을 방문할 때 가져갈 선물에 대해 타나펀의 질문에 대답해 보세요.

Answer Thanaporn's questions about the gift to take when visiting Léa's house.

어떤 선물을 하면 좋을까요? → 다른 선물은 없을까요? → 어디에서 살 수 있어요?

기능 표현 선물에 대한 조언 구하고 답하기 Seeking and providing advice on gifts

A 어떤 선물을 하면 좋을까요? / 어떤 선물을 가져갈까요?

B 화분을 주거나 스탠드를 선물하는 건 어때요? / 화분이나 스탠드가 좋을 것 같아요.

타나펀	올가 씨, 레아 씨 집에 갈 때 어떤 선물을 하면 좋을까요?
올가	화분을 주거나 스탠드를 선물하는 건 어때요?
타나펀	그것도 좋지만 기억에 남는 선물을 주고 싶은데 다른 선물은 없을까요?
올가	그럼 벽시계는 어때요?
타나펀	벽시계요?
올가	벽시계에 결혼 축하 메시지를 넣을 수 있어요.
타나펀	벽시계가 좋겠어요. 그런 벽시계는 어디에서 살 수 있어요?
올가	인터넷에서 살 수 있어요. 우리 벽시계에 넣을 말을 생각해 봐요.

(2) 여러분이 친구의 집을 방문할 때 가져갈 선물에 대해 대화해 보세요.
Talk about a gift to take when you visit your friend's house.

3 평일에는 바쁘니까 주말에 모일까요?
Since we're busy on weekdays, should we meet on the weekend?

문법 Grammar

1 다음을 읽어 보세요. 환영회에 갈 수 있는 사람은 왜 내일까지 알려 줘야 해요?
Read the following. Why do people have to inform Jiyu by tomorrow who can attend the welcoming party?

< 받은메일함 23

답장 전체답장 전달 | 삭제 스팸차단 안읽음 | ☆

다음 주 금요일에 동아리 신입생 환영회가 있습니다. 오후 7시에 행복식당에서 모이기로 했습니다. 식당을 예약해야 하니까 오실 수 있는 분은 내일까지 알려 주세요.

A/V-으니까/니까

A 산책할까요? 영화를 볼까요?
B 날씨가 좋으니까 산책해요.

A 학교 앞에 있는 이화식당에 갈까요?
B 거기는 어제도 갔으니까 오늘은 다른 식당에 가는 게 어때요?

A 명동에 뭘 타고 가야 돼요?
B 지금 퇴근 시간이라서 길이 막히니까 지하철을 타고 가세요.

A 어떤 옷을 사고 싶어요?
B 봄이니까 밝은색 옷을 사고 싶어요.

'-으니까/니까'는 형용사, 동사, '이다'에 붙어 앞 절이 뒤 절에 대한 이유나 원인, 판단의 근거임을 나타낼 때 사용한다. 이유를 나타내는 '-아서/어서'와 달리 뒤 절에 청유문이나 명령문이 올 수 있다. -으니까/니까 is attached to an adjective, a verb or 이다 to indicate that the previous clause is the reason or grounds for the following clause. Unlike -아서/어서, which indicates a general reason, the following clause can be a propositive or imperative sentence.

받침 ○ + 으니까 받침 ×, ㄹ + 니까

2 질문에 알맞은 대답을 찾아 써 보세요. 그리고 맞는지 들어 보세요. 🎧 19
Match the questions and answers. Then listen to check your answers.

(1) 어디에서 공부할까요? ⓐ
(2) 지금 통화할 수 있어요? ______
(3) 제이슨 씨, 요리를 자주 해요? ______
(4) 행복식당은 어때요? 맛있어요? ______
(5) 4월에 태국으로 여행 가려고 하는데 뭘 준비해야 해요? ______

ⓐ 도서관이 조용하니까 도서관에서 해요.
ⓑ 아니요. 혼자 사니까 요리를 안 하게 돼요.
ⓒ 지금 일하고 있으니까 끝나고 전화할게요.
ⓓ 네. 맛있어요. 거기 맛집이니까 꼭 가 보세요.
ⓔ 햇빛이 뜨거우니까 선글라스나 모자를 꼭 준비하세요.

3 다음을 보고 '-으니까/니까'를 사용해서 빈칸에 써 보세요.

Look at the following pictures and write in the blanks using -으니까/니까.

(1)

A 지금 날씨가 어때요?

B 비가 오니까 우산을 가져가세요.

(2)

A 언제 만날까요?

B 주말에 ______________________________

주말에 만나요.

(3)

A 오늘 뭐 할 거예요?

B ______________________________ 아무것도 안 하고

푹 쉴 거예요.

(4)

A 우리 먼저 뭐 할까요?

B ______________________________ 먼저 저녁을

먹으면 어때요?

(5)

A 여보세요. 이상진 씨 계세요?

B 지금 안 계세요. ______________________________

1시 이후에 다시 전화해 주세요.

4 내일 몇 시에 어디에서 만날지, 무엇을 할지 친구와 묻고 대답해 보세요. 그리고 묻고 답한 내용을 써 보세요.

Ask your partner about when, where to meet, and what to do tomorrow. Then write your questions and his/her answers in the chart.

샤니 씨, 내일 몇 시에 만날까요?

수업이 1시에 끝나니까 2시에 만나요.

질문	대답
내일 몇 시에 만날까요?	수업이 1시에 끝나니까 2시에 만나요.
내일 어디에서 만날까요?	
내일 뭐 할까요?	

듣고 말하기 Listening and speaking

1 다음은 모임과 관련된 내용이에요. 어떤 모임인지 말해 보세요.

Below are SNS messages about gatherings. Talk about what kind of gathering they are.

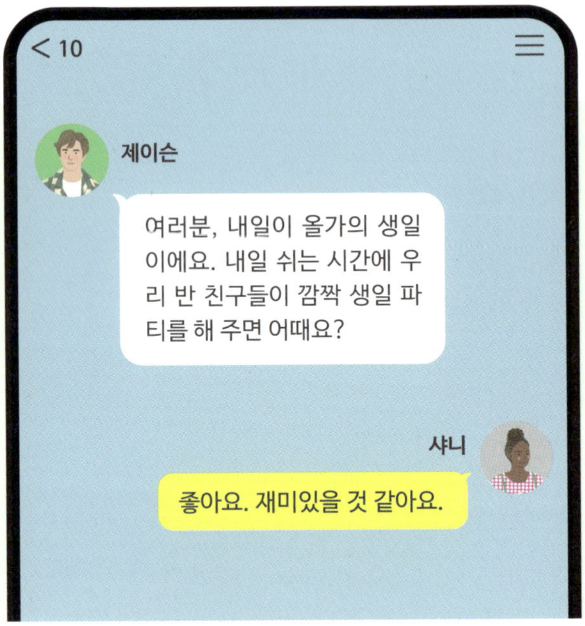

2 타나펀과 리카의 대화예요. 잘 듣고 물음에 답해 보세요. 20

Listen to the conversation between Thanaporn and Rika and answer the questions.

(1) 타나펀이 할 일로 맞는 것을 골라 보세요.

Choose the correct picture for what Thanaporn is going to do.

① 

② 

③ 

(2) 들은 내용과 같으면 ◯, 다르면 ×로 표시해 보세요.

Mark ◯ if it is true, × if it is false.

① 생일 파티는 일요일에 타나펀의 집에서 할 거예요. (　　)

② 올가는 생일 파티 계획을 알아요. (　　)

③ 리카는 올가보다 일찍 올 거예요. (　　)

(3) 왜 향수를 선물할 거예요?

Why are they going to give Olga perfume as a gift?

3 여러분이 만들고 싶은 모임에 대해 이야기해 보세요.

Talk about a gathering you would like to organize.

(1) 여러분이 모임을 만든다면 어떤 모임을 만들고 싶은지 ✓표 해 보세요. 그리고 그 모임을 만들고 싶은 이유를 써 보세요. Check(✓) the box for the gathering you would like to organize. Then write your reasons in the chart.

☐ 동아리 모임
☐ 좋아하는 가수 팬 모임
☐ 외국인 유학생 모임
☐ 한국 회사 취업 준비 모임

이름	어떤 모임을 만들고 싶어요?	왜 그 모임을 만들고 싶어요?
올가	저는 동아리 모임을 만들고 싶어요.	취미가 같은 친구들을 사귈 수 있으니까 만들고 싶어요.
나 ______		
친구 1 ______		
친구 2 ______		

(2) 친구들에게 만들고 싶은 모임에 대해 물어보고 친구들의 대답을 위의 표에 써 보세요.
Ask your classmates about gatherings they would like to organize. Then write their answers in the chart above.

A 올가 씨, 어떤 모임을 만들고 싶어요?
B 저는 동아리 모임을 만들고 싶어요.
A 왜 그 모임을 만들고 싶어요?
B 취미가 같은 친구들을 사귈 수 있으니까 만들고 싶어요.

(3) 같은 모임을 만들고 싶은 친구들과 모이세요. 무슨 모임인지 구체적으로 정한 후에 활동, 시간, 장소 등을 이유와 함께 이야기하고 써 보세요. Get together with classmates who are interested in the same event. Clearly define the purpose and reason of the gathering and then decide the activities, meeting time, and place.

무슨 모임을 할까요?
언제 모일까요?
무엇을 할까요?
어디에서 모일까요?

______ 모임
*활동:
*시간:
*장소:

(4) 팀에서 이야기한 만들고 싶은 모임에 대해 발표해 보세요.
Present your group's gathering to the class.

우리는 등산 동아리 모임 '오르다'를 만들려고 합니다. 한국에 좋은 산이 많으니까 같이 등산을 하려고 합니다. 평일에 수업이 있으니까 토요일에 하려고 합니다. …… 여러분도 등산 동아리 모임에 한번 와 보세요.

읽고 쓰기 Reading and writing

1 다음 그림을 보세요. 타나펀이 무엇을 하고 있는지 말해 보세요.
Look at the pictures. What is Thanaporn doing?

블루진스 팬클럽 모임

오늘은 블루진스 새 앨범이 나온 날! 우리는 앨범이 나온 것을 기념하려고 도시락 봉사 활동을 했어요. 혼자 사시는 노인 분들께 도시락을 드리기로 하고 아침 일찍 모였어요.

회원들과 똑같은 티셔츠를 입고 봉사 활동을 시작했어요. 저는 요리를 못하니까 반찬을 만들지 못하고 재료를 씻었어요. 그다음에 밥, 국, 반찬을 도시락 통에 담고, 도시락을 배달했어요. 미리 집 앞에 마중 나온 분들께는 직접 드렸고, 걷는 것이 불편하신 분들께는 집까지 배달해 드렸어요. (Ⓐ) 배달이 다 끝나고 점심을 먹었는데 열심히 일하고 먹으니까 아주 맛있었어요.

몸은 힘들었지만 오랫동안 기억에 남을 것 같아요. 팬클럽에 가입한 지는 6개월이 됐지만 활동을 같이 한 건 이번이 처음이었어요. 앞으로도 팬클럽 모임이 있으면 함께하고 싶어요.

2 위의 글은 타나펀의 팬클럽 활동에 대한 내용이에요. 읽고 답해 보세요.
The passage above is about Thanaporn's fan club activities. Read and answer the questions.

(1) 타나펀이 어제 한 일로 맞지 <u>않는</u> 것을 골라 보세요.
Choose the false statement about what Thanaporn did yesterday.

① 재료 씻기 ② 반찬 만들기 ③ 도시락 배달하기

(2) 타나펀에 대해 읽은 내용과 같으면 ◯, 다르면 ×로 표시해 보세요.
Mark ◯ if it is true about Thanaporn, × if it is false.

① 가수의 앨범이 나온 날 봉사 활동을 했습니다. ( )
② 바빠서 점심 먹을 시간이 없었습니다. ( )
③ 봉사 활동을 시작한 지 6개월이 됐습니다. ( )

(3) Ⓐ에 들어갈 문장으로 알맞은 것을 골라 보세요.
Choose the appropriate sentence for Ⓐ

① 그리고 회원들을 처음 만났을 때 반가웠어요.
② 그렇지만 요리를 할 때 요리를 못해서 미안했어요.
③ 그런데 배달할 때 주소를 잘 못 찾아서 힘들었어요.

3 모임에 참석한 경험을 써 보세요.
Write about your experience of attending a gathering.

(1) 다음 질문을 보고 메모해 보세요.
Write a note about the following questions.

무슨 모임에 참석했습니까?

모임에서 무엇을 했습니까?

모임은 어땠습니까?

(2) 위의 메모를 바탕으로 모임에 참석한 경험에 대한 글을 써 보세요.
Based on the notes above, write about your experience of attending a gathering.

문화 Culture | 방문 선물 Host gifts

준비하기

- 다음은 초대받아서 방문한 모습이에요. 방문할 때 어떤 선물을 하면 좋을까요?
  Below are pictures of invited people. What gifts would be good to bring when visiting?

알아보기

- 한국에서는 개업을 하는 사람에게 개업을 축하하는 마음으로 선물을 하는데 보통 화분을 많이 선물해요. 그리고 다른 사람의 집에 초대 받아서 방문할 때는 보통 휴지, 세제 같은 생활용품을 많이 선물해요.
  In Korea, when presenting a gift to someone who is starting a new business, it is customary to offer a potted plant as a congratulatory gesture. And when invited to someone's home, it is customary to bring household items like tissues or cleaning supplies as gifts.

생각해 보기

- 여러분은 초대 받아서 방문했을 때 어떤 선물을 했는지 이야기해 보세요.
  Talk about the gifts that you brought when you were invited.
- 여러분은 언제 누구를 초대해 본 적이 있는지 그때 어떤 선물을 받았는지 이야기해 보세요.
  Have you ever invited someone? When was that, and what gifts did you receive?

어휘와 표현 확인
Vocabulary and expressions check

의미를 아는 어휘나 표현에 ✓표 해 보세요.
Check(✓) the vocabulary or expressions that you know.

1 우리 반 모임을 하기로 했어요

- □ 초대하다 — to invite
- □ 장을 보다 — to do grocery shopping
- □ 상을 차리다 — to set the table
- □ 손님을 마중하다 — to greet a guest
- □ 손님을 대접하다 — to treat a guest
- □ 선물 포장을 풀다 — to unpack a gift
- □ 손님을 배웅하다 — to see a guest off
- □ 방문하다 — to visit
- □ 선물을 고르다 — to pick a gift
- □ 선물을 포장하다 — to wrap a gift
- □ 리본으로 묶다 — to tie with a ribbon
- □ 날짜 — date
- □ 집들이 — housewarming party
- □ 시간이 되다 — to have time
- □ 남산골한옥마을 — Namsangol Hanok Village
- □ 전통 결혼식 — traditional wedding
- □ 기억나다 — to remember
- □ 특별하다 — to be special
- □ 크리스마스 — Christmas

2 화분을 주거나 벽시계를 선물해요

- □ 떡 — rice cake
- □ 향수 — perfume
- □ 화분 — potted plant
- □ 벽시계 — wall clock
- □ 스탠드 — desk lamp
- □ 꽃다발 — bouquet
- □ 곰 인형 — teddy bear
- □ 과일 바구니 — basket of fruit
- □ 커피 잔 세트 — coffee cup set
- □ 모르다 — to not know
- □ 외롭다 — to be lonely
- □ 감기에 걸리다 — to catch a cold
- □ 도시 — city
- □ 휴일 — holiday
- □ 설날 — New Year's Day
- □ 어른 — adult
- □ 친구네 — friend's house
- □ 꽃집 — flower shop
- □ 어리다 — to be young
- □ 물어보다 — to ask a question
- □ 생각나다 — to miss
- □ 느끼다 — to feel

3 평일에는 바쁘니까 주말에 모일까요?

- □ 신입생 — freshman
- □ 알려 주다 — to inform
- □ 명동 — Myeongdong
- □ 밝은색 — bright color
- □ 아무것 — anything
- □ 배가 고프다 — to be hungry
- □ 깜짝 — surprised
- □ 놀러 오다 — to come over
- □ 유학생 — international student
- □ 취업 — employment
- □ 새 — new
- □ 앨범 — album
- □ 기념하다 — to celebrate
- □ 노인 — elderly person
- □ 도시락 — lunch box
- □ 똑같다 — to be the same
- □ 반찬 — side dish
- □ 재료 — ingredient
- □ 국 — soup
- □ 도시락 통 — lunch box
- □ 담다 — to put in
- □ 오랫동안 — for a long time
- □ 함께하다 — to be with

9 단원 Unit

건강
Health

1

2

3

다음 표현에 알맞은 사진을 찾아서 번호를 써 보세요.

Match the expressions with the pictures and write the number in the box.

- ☐ 머리가 아파요.
- ☐ 스트레스가 풀려요.
- ☐ 목이 붓고 열이 나요.

1 약국에 가서 뭘 샀어요?
What did you buy at the pharmacy?

어휘와 표현 Vocabulary and expressions

1 다음은 신체의 모습이에요. 어휘를 소리 내서 읽어 보세요.
The pictures illustrate body parts. Read the words aloud.

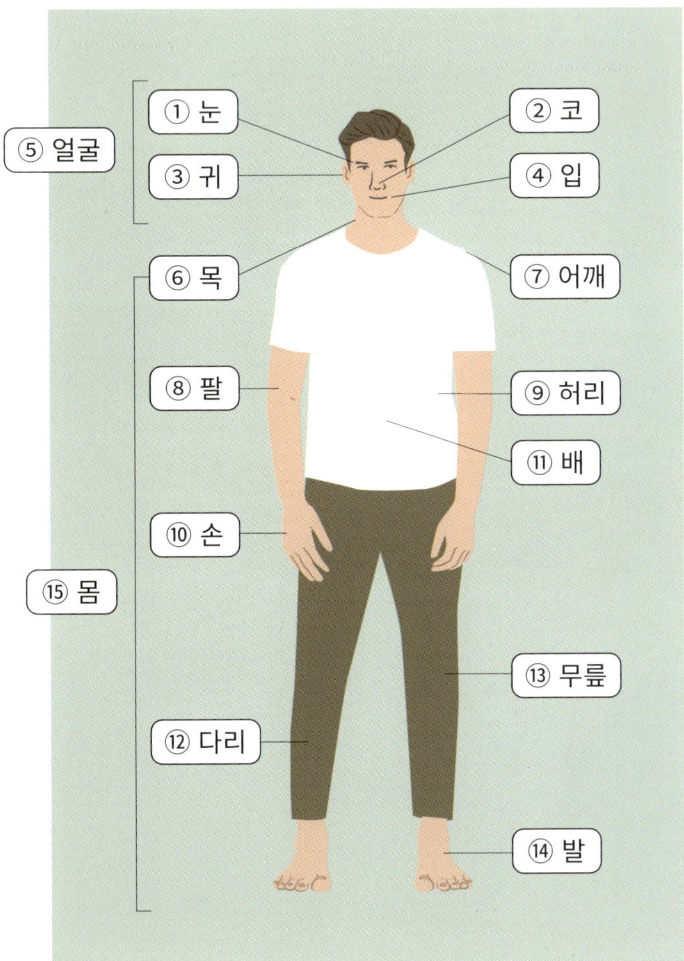

2 위의 그림을 보면서 사람들이 어디가 아픈지 친구와 묻고 대답해 보세요.
Look at the pictures above. Ask and answer questions about where the people are feeling pain.

어디가 아파요?

목이 아파요.

문법 Grammar

1 대화를 듣고 다음 질문에 알맞은 답을 골라 보세요.
Listen to the conversations. Then choose the correct answer to each question.

21

(1) 어제 뭐 했어요?

①

②

(2) 주말에 뭐 할 거예요?

①

②

V-아서/어서

A 리카 씨, 다리가 좀 아파요.
B 그래요? 그럼 우리 여기 앉아서 잠깐 쉴까요?

A 왜 그렇게 아르바이트를 많이 해요?
B 돈을 모아서 여행을 가려고요.

A 주말에 뭐 했어요?
B 한강 공원에 가서 자전거를 탔어요.

A 저녁 식사는 보통 어떻게 해요?
B 집에서 요리해서 먹어요.

'-아서/어서'는 동사에 붙어 앞 절과 뒤 절의 동작이 밀접한 관계를 가지고 순차적으로 일어남을 나타낼 때 사용한다.
-아서/어서 is attached to a verb to indicate a close relationship between the actions of the preceding clause and the following clause, occurring sequentially.

ㅏ, ㅗ + 아서 ㅏ, ㅗ 외의 모음 + 어서 하다 → 해서

2 질문에 알맞은 대답을 찾아 써 보세요. 그리고 맞는지 들어 보세요.
Match the questions and answers. Then listen to check your answers.

22

(1) 은행에 어떻게 가요? ⓐ
(2) 감기는 좀 어때요? 괜찮아요? ________
(3) 리카 씨, 샤니도 내일 모임에 와요? ________
(4) 김밥이 정말 맛있어요. 어디에서 샀어요? ________
(5) 다니엘 씨, 지난번 회의 자료 좀 줄 수 있어요? ________

ⓐ 길을 건너서 왼쪽으로 가세요.
ⓑ 네. 제가 바로 찾아서 드릴게요.
ⓒ 제가 만들었어요. 저는 보통 김밥을 만들어서 먹어요.
ⓓ 병원에 가서 주사를 맞았어요. 그래서 지금은 괜찮아요.
ⓔ 저도 잘 모르겠어요. 샤니 씨한테 전화해서 물어보는 게 어때요?

3 사람들이 어제 수업 후에 무엇을 했는지 말해 보세요.

Ask and answer questions about what these people did after class yesterday.

(1) 은행에 가다 → 체크 카드를 만들다

(2) 친구를 만나다 → 운동을 하다

(3) 사진을 찍다 → 블로그에 올리다

(4) 고향 음식을 만들다 → 친구들하고 먹다

(5) 소파에 눕다 → 텔레비전을 보다

(6) 친구들을 초대하다 → 생일 파티를 하다

A 어제 수업 후에 뭐 했어요?

B 은행에 가서 체크 카드를 만들었어요.

4 지난 주말에 무엇을 했는지 친구들과 묻고 대답해 보세요. 그리고 친구들의 대답을 써 보세요.

Ask your classmates what they did over the weekend. Then write their answers in the chart.

A 샤니 씨, 지난 주말에 뭐 했어요?

B 잡지를 사서 읽었어요.

이름	지난 주말에 뭐 했어요?
샤니	잡지를 사서 읽었어요.

듣고 말하기 Listening and speaking

1 **다음은 사람들이 아플 때의 모습이에요. 아플 때 어떻게 하는지 말해 보세요.**
Look at the pictures below. How do people deal with pain?

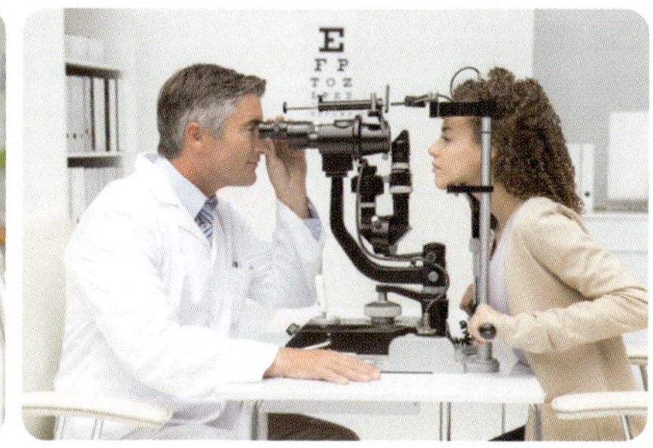

2 **약사와 타나펀의 대화예요. 잘 듣고 물음에 답해 보세요.**
Listen to the conversation between a pharmacist and Thanaporn and answer the questions.

(1) 타나펀이 어디가 아픈지 맞는 것을 골라 보세요.
Choose the correct answer for where Thanaporn is feeling pain.

23

①

②

③

(2) 약사가 말한 내용에 대해 맞는 것을 골라 보세요.
Choose the true statement about the pharmacist's prescription.

① 약은 식사를 하고 먹어야 해요.

② 내일부터 죽을 먹을 수 있어요.

③ 끓인 물을 자주 먹는 것이 좋아요.

3 **샤니와 리카의 대화예요. 잘 듣고 물음에 답해 보세요.**
Listen to the conversation between Shani and Rika and answer the questions.

24

(1) 리카는 언제부터, 어디가 아파요? Since when and where did Rika feel pain?

____

(2) 리카에 대해 맞는 것을 골라 보세요. Choose the true statement about Rika.

① 약국에서 약을 사려고 해요.

② 오늘 수업 후에 영화를 볼 거예요.

③ 내일 샤니하고 병원에 가기로 했어요.

4 다음과 같이 아픈 곳에 대해 대화해 보세요.

Practice this conversation about where you feel pain by using the words provided below.

브루나　여보세요. 올가 씨, 저 브루나예요. 오늘 학교에 왜 안 와요?
올가　머리가 아파서 집에서 쉬려고 해요.
브루나　많이 아파요?
올가　네. 너무 아파서 못 나가겠어요.
브루나　병원에는 가 봤어요?
올가　아니요. 약국에서 두통약을 사서 먹었어요.
브루나　그래도 안 나으면 집 근처에 있는 병원에 가 보세요.
올가　네. 그럴게요. 고마워요.

+ 더 알아보기

ㅅ 불규칙

'ㅅ' 받침을 가진 동사 중 '낫다, 붓다, 짓다, 젓다' 등은 모음으로 시작하는 어미를 만나면 받침 'ㅅ'이 탈락된다.
The final consonant ㅅ in the stems of some verbs such as 낫다, 붓다, 짓다, 젓다 is dropped when followed by a vowel.

예) 감기가 빨리 나으면 좋겠어요.
목이 부어서 물을 마실 수 없어요.

(1)	(2)	(3)	(4)
머리가 아프다	눈이 아프다	다리를 다치다	
못 나가다	책도 못 보다	잘 못 걷다	
두통약을 사다	안약을 사다	파스를 사다	
먹다	넣다	붙이다	

발음 Pronunciation

1. 잘 듣고 맞는 것에 ✓표 해 보세요.

Listen carefully and check(✓) the box with the correct answer.

25

(1) 두통약 [□ 두통약, □ 두통냑]
(2) 여행용 [□ 여행뇽, □ 여행용]
(3) 무슨 일 [□ 무슨닐, □ 무스닐]
(4) 발음 연습 [□ 바르면습,□ 바름년습]

ㄴ 첨가 ㄴ addition

앞 단어에 받침이 있고 뒤 단어의 첫음절이 '이, 야, 여, 요, 유, 얘, 예'인 경우에는 'ㄴ'음을 첨가하여 [니, 냐, 녀, 뇨, 뉴, 냬, 녜]로 발음한다. In the case where the preceding word has a final consonant and the initial syllable of the following word begins with 이, 야, 여, 요, 유, 얘, 예, the [ㄴ] sound is added and pronounced as [니, 냐, 녀, 뇨, 뉴, 냬, 녜].

식용유 [식용뉴]　　어제 한 얘기 [어제한냬기]　　방문 예절 [방문녜절]

2. 잘 듣고 따라 해 보세요.

Listen carefully and repeat the following sentences.

26

(1) 웬일이세요?
(2) 기침약을 먹었어요.
(3) 이십육 층에 살아요.
(4) 생선 요리를 좋아해요.

2 건조하지 않게 물을 자주 드세요
Drink water frequently to avoid dehydration

어휘와 표현 Vocabulary and expressions

1 **다음은 여러 가지 증상이에요. 그림에 맞는 표현을 소리 내서 읽어 보세요.**
The pictures illustrate various symptoms. Match the expressions with the pictures. Then read them aloud.

① 열이 나요	② 기침을 해요	③ 코가 막혀요
④ 콧물이 나요	⑤ 두통이 심해요	⑥ 목이 부었어요
⑦ 재채기가 나요	⑧ 배탈이 났어요	⑨ 소화가 안 돼요

2 **위의 그림을 보면서 사람들의 증상이 어떤지 친구와 묻고 대답해 보세요.**
Looking at the pictures above, ask and answer questions about the symptoms.

어떤 증상이 있어요?

열이 나요.

문법 Grammar

1 다음을 듣고 대화를 읽어 보세요. 브루나는 샤오동에게 왜 집에 가서 쉬라고 했어요?

Listen and read the conversation. Why did Bruna tell Xiaodong to go home and rest?

27

A/V-게

A 날씨가 추운데 산에 가요?
B 네. 그래서 춥지 않게 옷을 많이 입었어요.

A 여러분, 사진을 찍게 모두 모이세요.
B 네. 알겠습니다.

A 요즘 허리가 계속 아파요.
B 그럼 아프지 않게 허리 운동을 좀 해 보세요.

A 교실이 좀 더운 것 같아요.
B 바람이 들어오게 창문을 좀 열까요?

'-게'는 형용사, 동사에 붙어 뒤의 행위에 대한 목적이나 결과를 나타낼 때 사용한다.
-게 is attached to an adjective or a verb to indicate the purpose or result of an action.

2 질문에 알맞은 대답을 찾아 써 보세요. 그리고 맞는지 들어 보세요.

Match the questions and answers. Then listen to check your answers.

28

(1) 눈이 피곤하지 않게 좀 쉬면 어때요? ⓐ
(2) 소설책이 정말 재미있는데 읽어 봤어요? ______
(3) 회의 시간에 마시게 커피를 좀 사 올까요? ______
(4) 그 식당은 항상 사람이 많은데 미리 예약을 하는 게 어때요? ______
(5) 선생님, 이 문법을 이해할 수 있게 다시 설명해 주시겠어요? ______

ⓐ 네. 잠깐 쉬고 할게요.
ⓑ 좋아요. 커피를 사러 같이 가요.
ⓒ 네. 한 번 더 설명할게요. 잘 들으세요.
ⓓ 아니요. 다 읽으면 저도 읽게 좀 빌려주세요.
ⓔ 좋아요. 기다리지 않게 제가 오늘 예약할게요.

3 사람들에게 어떤 조언을 하면 좋은지 말해 보세요.

Provide good advice for the following situations.

(1) 수업에 늦지 않다 - 집에서 일찍 나오다

(2) 방이 깨끗하다 - 자주 청소하다

(3) 안 다치다 - 조심하다

(4) 약속을 잊어버리지 않다 - 메모하다

(5) 할인을 받을 수 있다 - 빨리 예약하다

(6) 독감이 빨리 낫다 - 약을 챙겨 먹다

A 수업에 늦지 않게 집에서 일찍 나오세요.

B 네. 그렇게 할게요.

4 한국어 수업 시간에 주의해야 할 것에 대해 친구들과 묻고 대답해 보세요. 그리고 친구들의 대답을 써 보세요.

Ask your classmates about the rules that should be followed during Korean class. Then write their answers in the chart.

A 샤오동 씨, 한국어 수업 시간에 주의해야 할 게 있어요?

B 수업에 집중할 수 있게 휴대 전화를 보지 마세요.

이름	한국어 수업 시간에 주의해야 할 게 있어요?
샤오동	수업에 집중할 수 있게 휴대 전화를 보지 마세요.

읽고 말하기 Reading and speaking

1 다음 그림을 보세요. 독감 증상에 대해 말해 보세요.
Look at the pictures and talk about flu symptoms.

독감에 대해 알아봐요!

날씨가 쌀쌀하면 찾아오는 독감! 독감은 사계절 걸릴 수 있는 감기와 다릅니다.
주로 겨울부터 봄까지 걸립니다. 독감의 원인, 증상, 예방에 대해 알아보겠습니다.

원인 독감은 인플루엔자 바이러스(influenza virus)로 걸립니다. 이 바이러스는 공기로 전염됩니다. 또한 손을 씻지 않고 눈, 코, 입을 만지면 걸릴 수 있습니다.

증상 독감에 걸리면 1~4일 후에 증상이 나타납니다. 사람마다 증상이 다르지만 보통 먼저 두통과 함께 열이 납니다. 그리고 목이 아프고 기침과 콧물이 납니다.

예방 독감이 유행할 때에는 사람이 많은 곳에 가지 않는 것이 중요합니다. 외출 후에는 손을 깨끗이 씻어야 합니다. 그리고 독감에 걸리지 않게 예방 주사를 맞는 것이 좋습니다.

ⓐ

2 위의 글은 독감에 대한 내용이에요. 읽고 답해 보세요.
The passage above is about the flu. Read and answer the questions.

(1) ⓐ에 들어갈 그림으로 맞지 <u>않는</u> 것을 골라 보세요. Choose the picture that does not fit ⓐ.

① 

② 

③ 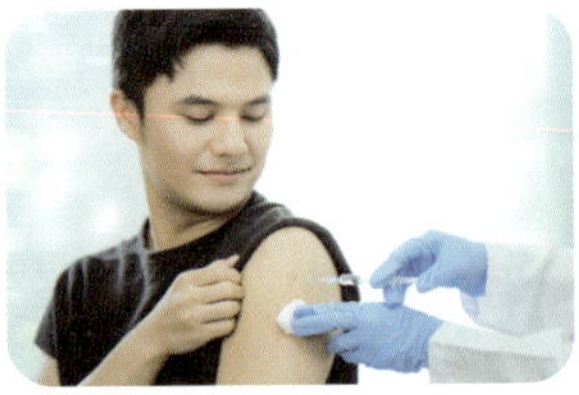

(2) 잘못된 부분을 찾아서 올바른 내용으로 고쳐 보세요. Find the incorrect part and correct the statement.

① 독감은 주로 봄부터 겨울까지 걸립니다. → ____________________

② 인플루엔자 바이러스는 눈으로 전염됩니다. → ____________________

③ 독감에 걸리면 보통 먼저 목이 아프고 기침과 콧물이 납니다. → ____________________

3 역할극을 해 보세요.

Do a roleplay.

(1) 의사와 제이슨이 증상에 대해 이야기하고 있어요. 여러분이 의사와 제이슨이 되어 대화해 보세요.
A doctor and Jason are talking about some symptoms. Roleplay as Jason and the doctor.

의사

어디가 아픈지, 언제부터 아팠는지 묻고 주의사항을 말해 보세요.

Ask Jason about his symptoms, when the symptoms started, and provide a prescription.

제이슨

증상에 대해 의사의 질문에 대답해 보세요.

Answer the doctor's questions regarding your symptoms.

어디가 아프세요? → 언제부터 아프셨어요? → 다른 증상은 없으세요?

기능 표현 환자의 증상 묻기 Asking the patient about his/her symptoms

어디가 아프세요? / 어떤 증상이 있으세요? /
어디가 아파서 오셨어요? / 어디가 어떻게 아프세요?

의사	어디가 아프세요?
제이슨	열이 나고 기침을 해요.
의사	언제부터 아프셨어요?
제이슨	어젯밤부터 아팠어요.
의사	그래요? 다른 증상은 없으세요? 콧물은 안 나세요?
제이슨	콧물은 안 나지만 목이 아파요.
의사	그럼 한번 볼게요. (진찰 후) 감기예요. 심하지 않으니까 며칠 약을 드시고 푹 쉬세요. 그리고 목이 건조하지 않게 따뜻한 물을 자주 드세요.
제이슨	네. 알겠습니다. 감사합니다.

(2) 병원에서 여러분이 아픈 증상에 대해 대화해 보세요.
Have a conversation discussing your symptoms at the hospital.

3 식사하기 전에 손을 씻어야 해요
You should wash your hands before eating

문법 Grammar

1 다음을 읽어 보세요. 잠을 잘 자려면 어떻게 하는 것이 좋아요?
Read the following. What are some good tips to sleep well at night?

밤에 잠을 잘 자는 것은 건강에 매우 중요합니다. 자기 전에 따뜻한 물로 샤워하면 잠을 푹 잘 수 있습니다. 그리고 자기 전에 우유를 한 잔 마시는 것도 도움이 됩니다.

V-기 전(에)

A 리카 씨는 언제 한국어 숙제를 해요?
B 보통 저녁 먹기 전에 해요.

A 약을 드시기 전에 꼭 식사를 하세요.
B 네 알겠습니다.

A 일이 생겨서 좀 늦게 출발할 것 같아요.
B 알겠어요. 출발하기 전에 전화하세요.

A 한국에 오기 전에 무슨 일을 하셨어요?
B 일본에서 간호사였어요.

'-기 전(에)'는 동사에 붙어 뒤의 행동이 앞의 행동보다 먼저 일어남을 나타낼 때 사용한다.
-기 전(에) is attached to a verb to indicate that the action following it happens before the action in front of it.

2 질문에 알맞은 대답을 찾아 써 보세요. 그리고 맞는지 들어 보세요.
Match the questions and answers. Then listen to check your answers.

29

(1) 건우 씨, 이 소설책 어렵지 않아요? ⓔ
(2) 여기에서 살기 전에 어디에서 살았어요? ______
(3) 영화가 시작하기 전에 도착할 수 있을까요? ______
(4) 저녁 8시가 넘었는데 약국 문을 아직 안 닫았을까요? ______
(5) 이번 학기가 끝나기 전에 반 친구들과 식사하면 어때요? ______

ⓐ 부산요. 한 달 전에 이사 왔어요.
ⓑ 글쎄요. 길이 막혀서 좀 늦을 것 같아요.
ⓒ 좋아요. 제가 우리 반 친구들한테 연락해 볼게요.
ⓓ 네. 아직 안 닫았을 거예요. 닫기 전에 빨리 가 보세요.
ⓔ 어려워요. 그래서 읽기 전에 한국 역사를 좀 공부했어요.

3 다음을 보고 '-기 전(에)'를 사용해서 빈칸에 써 보세요.

Look at the following pictures and write in the blanks using -기 전(에).

(1)

A 공연 시작까지 한 시간 남았어요.

B 그럼 공연을 보기 전에 커피를 마실까요?

(2)

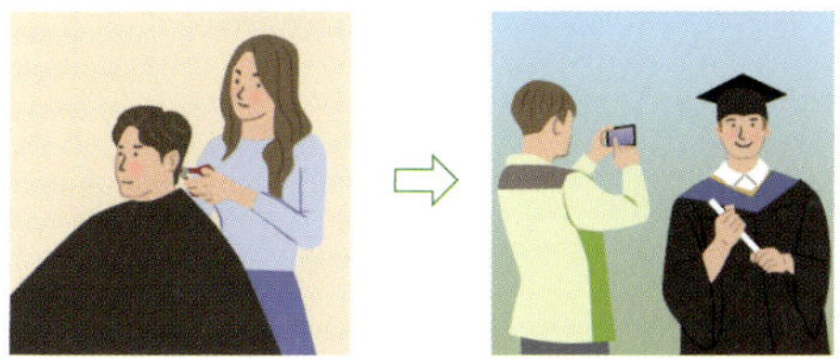

A 언제 머리를 잘랐어요?

B ______________________ 머리를 잘랐어요.

(3)

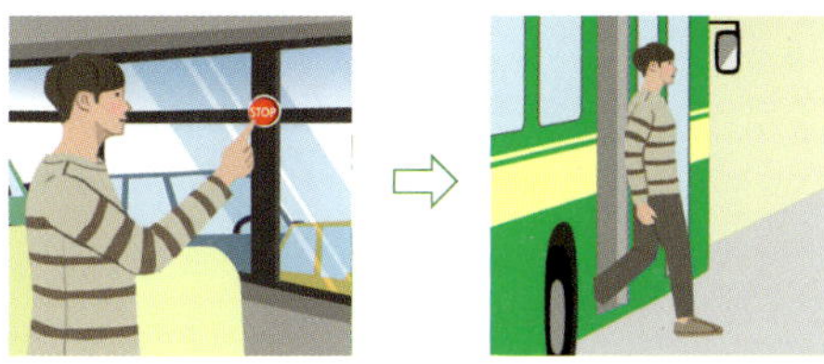

A 버스에서 내릴 때 어떻게 해야 해요?

B ______________________ 벨을 눌러야 해요.

(4)

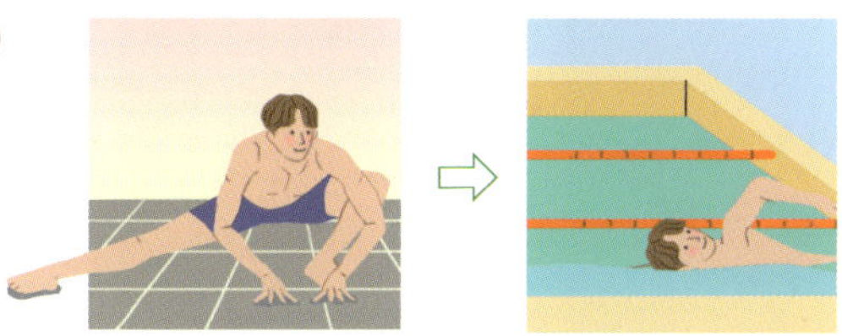

A ____________________ 준비 운동을 꼭 하세요.

B 네. 알겠습니다.

(5)

A 이번 학기가 끝나면 고향에 돌아가요?

B 네. 그런데 ____________________________

제주도 여행을 하려고 해요.

4 학교에 오기 전과 밤에 자기 전에 무엇을 하는지 친구들과 묻고 대답해 보세요. 그리고 친구들의 대답을 써 보세요.

Ask your classmates what they do before going to school and before going to bed at night. Then write their answers in the chart.

브루나 씨, 아침에 학교에 오기 전에 보통 뭐 해요?

학교에 오기 전에 편의점에서 커피를 사요.

그래요? 그러면 밤에 자기 전에 보통 뭐 해요?

자기 전에 요가를 해요.

이름	아침에 학교에 오기 전에 뭐 해요?	밤에 자기 전에 뭐 해요?
브루나	학교에 오기 전에 편의점에서 커피를 사요.	자기 전에 요가를 해요.

듣고 말하기 Listening and speaking

1 다음은 스트레스 푸는 방법에 대한 설문 조사 결과예요. 사람들은 스트레스를 어떻게 푸는지 말해 보세요.
Here are the survey results on stress relief methods. Discuss how people manage stress.

스트레스 푸는 방법 남녀 1위는?

여성 —— 1위 쇼핑 26%

- 2위 여행 16%
- 3위 영화, 공연감상 15%
- 4위 운동 13%
- 5위 음주 12%
- 6위 맛집탐방 10%
- 7위 기타 9%

남성 —— 1위 운동 21%

- 2위 음주 18%
- 3위 여행 17%
- 4위 영화, 공연감상 16%
- 5위 쇼핑 11%
- 6위 기타 8%
- 7위 맛집탐방 7%

2 제이슨과 지유의 대화예요. 잘 듣고 물음에 답해 보세요.
Listen to the conversation between Jason and Jiyu and answer the questions.

30

(1) 지유가 요즘 스트레스를 받는 이유로 맞는 것을 골라 보세요.
Choose the reason for why Jiyu is currently experiencing stress.

①

②

③

(2) 들은 내용과 같으면 ○, 다르면 ×로 표시해 보세요. Mark ○ if it is true, × if it is false.

① 지유는 스트레스를 받으면 게임을 해요. (　　)
② 제이슨은 지유가 좋아하는 음식을 만들 거예요. (　　)
③ 두 사람은 이번 주에 영화를 보러 가기로 했어요. (　　)

(3) 지유는 언제 산책할 거예요? When will Jiyu go for a walk?

3 여러분이 스트레스를 푸는 방법에 대해 이야기해 보세요.

Talk about how you manage stress.

(1) 3-4명씩 모이세요.①~④번 카드를 하나 뽑아 보세요. 그리고 여러분이 그 카드의 사람이 되어 왜 스트레스를 받는지, 스트레스를 받으면 어떻게 하는지 묻고 대답해 보세요.
Gather in groups of 3-4 people. Let one person draw one card from the cards numbered from 1 to 4. Then, become the person on your card and discuss when you experience stress and how you cope with it.

① 다음 주에 시험이 있는 학생	② 중요한 경기가 있는 축구 선수
③ 회사 일과 결혼식 준비로 바쁜 회사원	④ 오디션에서 계속 떨어지는 영화배우

A 왜 스트레스를 받아요?
B 시험이 있어서 스트레스를 받아요.
A 스트레스를 받으면 어떻게 풀어요?
B 맛있는 음식을 먹어요. 그리고 공부하기 전에 30분 정도 운동을 해요.

(2) (1)에서 같은 카드를 뽑은 사람들끼리 모이세요. 그리고 스트레스를 푸는 방법에 대해 이야기하고 가장 좋은 방법 세 가지를 써 보세요. Gather with those who drew the same card from (1). Discuss ways to manage stress and write down the three best methods.

스트레스를 풀 수 있는 좋은 방법이 있을까요?

그러면 어떤 점이 좋을까요?

스트레스를 푸는 좋은 방법

1. ______________________
2. ______________________
3. ______________________

(3) 팀에서 이야기한 스트레스를 푸는 방법에 대해 발표해 보세요.
Present your group's stress-relief methods.

우리는 시험이 있어서 스트레스를 많이 받습니다. 그래서 시험공부를 시작하기 전에 30분 정도 운동하려고 합니다. 그러면 스트레스가 풀려서 시험 준비가 잘될 것 같습니다. …… 여러분도 한번 해 보세요!

읽고 쓰기 Reading and writing

1 다음 사진을 보세요. 건강을 위해 무엇을 하는지 말해 보세요.
Look at the picture. Talk about daily habits for maintaining good health.

건강에 좋은 생활 습관

1 일상생활에서 운동하기
걷는 것은 일상생활에서 쉽게 할 수 있는 좋은 운동입니다. 점심 식사 후에 20분 정도 걸으면 소화도 잘됩니다. 평소에 엘리베이터와 에스컬레이터를 타지 않고 계단을 이용하는 것도 좋습니다.

2 몸에 좋은 음식 먹기
과일이나 채소를 많이 먹으면 건강에 좋습니다. 특히 당근은 비타민 A가 있어서 눈에 좋고 귤은 비타민 C가 많아서 힘들거나 피곤할 때 먹으면 좋습니다. 그리고 물을 많이 마시고 커피를 많이 마시지 않는 것이 좋습니다. 아침은 꼭 챙겨 먹고 자기 전에는 먹지 않는 것이 좋습니다.

3 7시간 이상 푹 자기
잠은 건강에 가장 중요합니다. 하루에 7시간 이상 푹 자면 몸의 기능이 좋아집니다. 그리고 밤 12시 전에 자는 것이 좋습니다. 이렇게 하면 몸과 마음의 건강을 지킬 수 있습니다.

2 위의 글은 건강에 좋은 생활 습관에 대한 내용이에요. 읽고 답해 보세요.
The passage above is about lifestyle habits for maintaining good health. Read and answer the questions.

(1) 건강에 좋은 습관을 지키는 사람으로 맞지 않는 것을 골라 보세요. Choose the person that does not have healthy habits.

① 

② 

③ 

(2) 읽은 내용과 같으면 ◯, 다르면 ×로 표시해 보세요.
Mark ◯ if it is true, × if it is false.

① 점심을 먹고 20분쯤 걸으면 건강에 좋습니다. ( )

② 피곤할 때 당근을 먹으면 도움이 됩니다. ( )

③ 과일과 채소는 자기 전에 먹어도 괜찮습니다. ( )

(3) 하루에 7시간 이상 자면 무엇이 좋아져요?
What are the benefits of sleeping more than 7 hours a day?

+ 더 알아보기

A-아지다/어지다
형용사에 붙어 점점 어떠한 상태로 변화됨을 나타낼 때 사용한다.
It is attached to an adjective to indicate a gradual change or transformation into a certain state.

예) 10년 전보다 사람이 많아졌어요.
다음 주부터 날씨가 추워질 거예요.

3 여러분의 건강을 지키기 위한 생활 습관을 써 보세요.
Write about your lifestyle habits to maintain good health.

(1) 다음 질문을 보고 메모해 보세요.
Write a note about the following questions.

건강을 지키기 위해
일상생활에서 무엇을 합니까?

그렇게 하면 무엇이 좋아집니까?

(2) 위의 메모를 바탕으로 건강에 좋은 생활 습관에 대해 글을 써 보세요.
Based on the notes above, write about the lifestyle habits to maintain good health.

문화 Culture | 인삼 Ginseng

준비하기

- 다음은 차와 사탕이에요. 이 차와 사탕은 무엇으로 만들었을까요?
  Here are pictures of tea and candies. What are their ingredients?

알아보기

- 인삼은 한국 사람이 즐겨 먹는 건강식품이에요. 인삼은 특히 면역력을 높이고 피로 회복과 기억력 향상에 효과가 뛰어나요. 오늘날에도 인삼은 질병을 치료하기 위한 약으로도 사용되고 질병 예방을 위한 건강식품으로도 애용되고 있어요. 최근에는 인삼차, 인삼 술, 인삼 젤리, 인삼 사탕 등 다양한 제품이 개발되어 있어서 누구나 쉽게 인삼을 즐길 수 있어요.
  Ginseng is a popular health food among Koreans. In particular, ginseng has outstanding effects in boosting the immune system, recovering from fatigue, and enhancing memory. Even today, ginseng is used not only as a medicinal herb for treating diseases but also as a favored health food for disease prevention. Recently, various products such as ginseng tea, ginseng liquor, ginseng jelly, and ginseng candies have been developed, making it easy for anyone to enjoy ginseng.

생각해 보기

- 인삼이나 인삼 제품을 먹어 본 경험에 대해 이야기해 보세요.
  Share your experience of trying ginseng or ginseng products.
- 힘들거나 아플 때 즐겨 먹는 음식에 대해 이야기해 보세요.
  Talk about the food you enjoy eating when you feel tired or sick.

어휘와 표현 확인
Vocabulary and expressions check

의미를 아는 어휘나 표현에 √표 해 보세요.
Check(√) the vocabulary or expressions that you know.

1 약국에 가서 뭘 샀어요?

- □ 눈 eyes
- □ 코 nose
- □ 귀 ear
- □ 입 mouth
- □ 얼굴 face
- □ 목 neck
- □ 어깨 shoulder
- □ 손 hands
- □ 팔 arm
- □ 허리 waist
- □ 배 stomach
- □ 다리 leg
- □ 무릎 knee
- □ 발 foot
- □ 몸 body
- □ 주사를 맞다 to have an injection
- □ 자료 data
- □ 블로그에 올리다 to post on a blog
- □ 죽 porridge
- □ 낫다 to get better
- □ 두통약 headache medicine
- □ 안약 eyedrops
- □ 파스 pain relief patch
- □ 붙이다 to stick

2 건조하지 않게 물을 자주 드세요

- □ 열이 나다 to have a fever
- □ 기침을 하다 to cough
- □ 코가 막히다 to have a stuffy nose
- □ 콧물이 나다 to have a runny nose
- □ 두통이 심하다 to have a bad headache
- □ 목이 붓다 to have a sore throat
- □ 재채기가 나다 to sneeze
- □ 배탈이 나다 to have an upset stomach
- □ 소화가 안 되다 to have indigestion
- □ 증상 symptom
- □ 조심하다 to be careful
- □ 메모하다 to take notes
- □ 독감 flu
- □ 챙겨 먹다 to make sure to eat
- □ 주의하다 to be careful
- □ 집중하다 to concentrate
- □ 공기 air
- □ 예방 prevention
- □ 원인 cause
- □ 전염되다 to be contagious
- □ 유행하다 to spread
- □ 건조하다 to be dry

3 식사하기 전에 손을 씻어야 해요

- □ 건강 health
- □ 일이 생기다 something happens
- □ 스트레스를 풀다 to relieve stress
- □ 스트레스가 풀리다 to unwind from stress
- □ 발표를 하다 to give a presentation
- □ 오디션에서 떨어지다 to fail an audition
- □ 생활 습관 daily habit
- □ 계단 stairs
- □ 이용하다 to use
- □ 당근 carrot
- □ 비타민 vitamin

10 단원 Unit

음식
Food

1 된장찌개를 먹을래요?
Would you like to have soybean paste stew?

- 음식 재료
  Vocabulary and expressions: Ingredients for cooking
- V-을래요/ㄹ래요
  Grammar: V-을래요/ㄹ래요
- 먹고 싶은 음식에 대해 듣고 말하기
  Listening and speaking about food you want to eat

* 유음화 ②
  Pronunciation: Lateralization ②

2 한식당에 갈까 해요
I'm thinking of going to a Korean restaurant

- 요리법
  Vocabulary and expressions: Cooking methods
- V-을까 하다/ㄹ까 하다
  Grammar: V-을까 하다/ㄹ까 하다
- 식당에 대해 읽고 말하기
  Reading and speaking about restaurants

3 양파를 넣은 후에 볶으세요
After adding the onions, stir fry them

- V-은 후(에)/ㄴ 후(에)
  Grammar: V-은 후(에)/ㄴ 후(에)
- 여러 나라 음식에 대해 듣고 말하기
  Listening and speaking about food from around the world
- 기억에 남는 음식에 대한 글 읽고 쓰기
  Reading and writing about memorable food

문화 | 오곡밥과 팥죽
Culture: Five grain rice and red bean porridge

1

2

3

다음 표현에 알맞은 사진을 찾아서 번호를 써 보세요.

Match the expressions with the pictures and write the number in the box.

☐ 줄을 서서 기다려요.

☐ 오븐에 넣고 구웠어요.

☐ 이 음식에 뭐가 들어가요?

1 된장찌개를 먹을래요?

Would you like to have soybean paste stew?

어휘와 표현 Vocabulary and expressions

1 **다음은 음식 재료예요. 어휘를 소리 내서 읽어 보세요.**
The pictures illustrate food ingredients. Read the words aloud.

2 **위의 그림을 보면서 좋아하는 것을 골라 ✓표 해 보세요. 그리고 여러분이 좋아하는 것에 대해 친구와 묻고 대답해 보세요.** Choose the food ingredients you like from the pictures above and check(✓) the boxes. Then ask and answer questions about them.

브루나 씨, 고기를 좋아해요?

네. 저는 고기를 좋아해요. 특히 닭고기하고 돼지고기를 좋아해요.

문법 Grammar

1 **대화를 듣고 다음 질문에 알맞은 답을 골라 보세요.**
Listen to the conversations. Then choose the correct answer to each question.

31

(1) 레아는 뭐 할 거예요?

① 

② 

(2) 샤니는 오늘 수업 후에 뭐 할 거예요?

① 

② 

V-을래요/ㄹ래요

A 어제 산 치마를 입을 거예요?
B 아니요. 추우니까 바지를 입을래요.

A 시간 있으면 우리 공연 보러 갈래요?
B 좋아요. 같이 가요.

A 리카 씨, 우리 아이스크림 먹을까요?
B 저는 다이어트 중이라서 안 먹을래요.

A 시험도 끝났는데 같이 놀래요?
B 저는 피곤해서 집에서 쉴래요.

'-을래요/ㄹ래요'는 동사에 붙어 말하는 사람이 어떤 일을 할 의사나 의향이 있음을 질문하거나 서술함을 나타낸다. 주로 비격식적인 구어에서 많이 사용한다.
-을래요/ㄹ래요 is attached to a verb to ask someone's opinion or to express one's own opinion. It is mainly used in informal situations

받침 ○ + 을래요

받침 ×, ㄹ + ㄹ래요

2 **질문에 알맞은 대답을 찾아 써 보세요. 그리고 맞는지 들어 보세요.**
Match the questions and answers. Then listen to check your answers.

32

(1) 어떤 신발을 살 거예요? ⓓ
(2) 지금 무슨 노래를 듣고 있어요? ______
(3) 주말에 등산하러 가지 않을래요? ______
(4) 커피랑 녹차 중에서 뭘 마실래요? ______
(5) 날씨도 좋은데 우리 밖에 나갈래요? ______

ⓐ 좋아요. 나가서 좀 걸어요.
ⓑ 커피는 마셨으니까 녹차 마실래요.
ⓒ 인기 있는 노래인데 한번 들어 볼래요?
ⓓ 운동할 때 필요하니까 편한 운동화를 살래요.
ⓔ 주말에 친구를 만나기로 해서 안 될 것 같아요.

3 둘 중에서 무엇을 하고 싶은지 말해 보세요.

Ask and answer questions about what you will choose in these situations.

(1) 읽다

신문

√

잡지

(2) 묵다

√

호텔

펜션

(3) 기르다

√

강아지

고양이

(4) 만들다

한국 음식

√

고향 음식

(5) 타고 가다

기차

√

비행기

(6) 장을 보다

√

시장

마트

A 타나펀 씨, 신문을 읽을래요? 잡지를 읽을래요?

B 저는 잡지를 읽을래요.

4 주말에 같이 하고 싶은 일에 대해 친구들과 묻고 대답해 보세요. 그리고 묻고 답한 내용을 써 보세요.

Ask and answer about what you would like to do for the weekend. Then write your suggestions and their answers.

A 샤니 씨, 우리 주말에 같이 연극 보러 갈래요?

B 네. 같이 보러 가요.

이름	질문	대답
샤니	우리 주말에 같이 연극 보러 갈래요?	네. 같이 보러 가요.

듣고 말하기 Listening and speaking

1 다음은 여러 가지 음식이에요. 음식 재료로 무엇이 들어갈지 말해 보세요.
Look at the Korean dishes below. Talk about the ingredients that are used in each of them.

비빔밥

순두부찌개

제육볶음

2 제이슨과 타나펀의 대화예요. 잘 듣고 물음에 답해 보세요.
Listen to the conversation between Jason and Thanaporn and answer to the questions.

33

(1) 들은 내용과 같으면 ◯, 다르면 ×로 표시해 보세요.
Mark ◯ if it is true, × if it is false.

① 두 사람은 오늘 같이 저녁을 먹기로 했어요. (　　)

② 타나펀은 한국 음식 중에서 순두부찌개를 좋아해요. (　　)

③ 제이슨은 떡볶이를 먹어 본 적이 있어요. (　　)

(2) 두 사람이 갈 식당에 대해 맞지 않는 것을 골라 보세요.
Choose the incorrect statement about the restaurant that they are going to visit.

① 분식집이에요.

② 학교에서 멀어요.

③ 타나펀이 자주 가는 식당이에요.

3 지유와 브루나의 대화예요. 잘 듣고 물음에 답해 보세요.
Listen to the conversation between Jiyu and Bruna and answer to the questions.

34

(1) 브루나는 무엇을 못 먹어요? What is Bruna unable to eat?

____

(2) 들은 내용과 같으면 ◯, 다르면 ×로 표시해 보세요. Mark ◯ if it is true, × if it is false.

① 이 식당의 새우 크림 스파게티는 인기가 많아요. (　　)

② 지유는 토마토를 먹으면 몸에 뭐가 나고 가려워요. (　　)

③ 두 사람은 새우 크림 스파게티와 토마토 스파게티를 시킬 거예요. (　　)

4 다음과 같이 먹고 싶은 음식에 대해 대화해 보세요.

Practice this conversation about the food you want to order for delivery by using the words provided below.

샤니　너무 배고파요. 올가 씨, 우리 뭐 좀 먹을래요?
올가　좋아요. 배달시켜서 먹어요. 피자 어때요?
샤니　어제 피자를 먹었어요. 한국 음식은 어때요?
올가　좋아요. 그런데 제가 채소를 잘 안 먹어요.
샤니　그럼 제육볶음 먹어 볼래요?
올가　제육볶음은 아직 못 먹어 봤는데 그건 뭘로 만들어요?
샤니　돼지고기로 만드는데 아주 맛있어요.
올가　그럼 저도 제육볶음 먹어 볼래요.

(1)	(2)	(3)	(4)
먹다	시키다	주문하다	______
채소	고기	해산물	______
제육볶음	비빔밥	된장찌개	______
돼지고기로 만들다	버섯, 당근 같은 채소가 들어가다	두부와 감자를 넣고 만들다	______

발음 Pronunciation

1. 잘 듣고 맞는 것에 ✓표 해 보세요.
Listen carefully and check(✓) the box with the correct answer. 35

(1) 물냉면 [□ 물냉면, □ 물랭면]　(2) 실내 [□ 실내, □ 실래]
(3) 생일날 [□ 생일랄, □ 생일날]　(4) 일 년 [□ 일련, □ 일년]

유음화 ② Lateralization ②

‘ㄴ’은 받침 ‘ㄹ’ 뒤에서 [ㄹ]로 발음한다.
ㄴ is pronounced as [ㄹ] after the final consonant ㄹ.

설날 [설랄]　사물놀이 [사물로리]　여행갈 나라 [여행갈라라]

2. 잘 듣고 따라 해 보세요. Listen carefully and repeat the following sentences. 36

(1) 몸살 났어요.　(2) 저는 매일 줄넘기를 해요.
(3) 10월 9일은 한글날이에요.　(4) 칠 년 동안 한국어를 배웠어요.

2 한식당에 갈까 해요
I'm thinking of going to a Korean restaurant

어휘와 표현 Vocabulary and expressions

1 **다음은 요리법이에요. 그림에 맞는 어휘를 소리 내서 읽어 보세요.**
The pictures illustrate various cooking methods. Match the words with the pictures. Then read them aloud.

① 쪄요	② 구워요	③ 볶아요
④ 부쳐요	⑤ 삶아요	⑥ 섞어요
⑦ 썰어요	⑧ 튀겨요	⑨ 끓여요

2 **위의 그림을 보면서 요리법에 대해 친구와 묻고 대답해 보세요.**
Look at the pictures above. Ask and answer questions about cooking.

뭐 하고 있어요?

만두를 찌고 있어요.

문법 Grammar

1 다음을 듣고 대화를 읽어 보세요. 동아리 모임을 어디에서 하려고 해요?

Listen and read the conversation. Where are they planning to have the club gathering?

37

V-을까 하다/ㄹ까 하다

A 졸업하면 고향에 돌아가요?
B 아니요. 한국에서 일을 찾을까 해요.

A 몇 급까지 공부할 생각이에요?
B 6급까지 공부할까 해요.

A 수업 후에 뭐 할 거예요?
B 도서관에 가서 책을 읽을까 해요.

A 오늘 점심은 어떻게 할 거예요?
B 오늘은 집에서 요리할 거예요. 순두부찌개를 만들까 해요.

'-을까 하다/ㄹ까 하다'는 동사에 붙어 어떤 행위에 대해 확실하게 결정한 것은 아니지만 말하는 사람이 그 행위를 할 생각이 있음을 나타낼 때 사용한다. -을까 하다/ㄹ까 하다 is attached to a verb to indicate that although a definite decision has not been made, the speaker is considering doing a certain action.

받침 ○ + 을까 하다

받침 ×, ㄹ + ㄹ까 하다

2 질문에 알맞은 대답을 찾아 써 보세요. 그리고 맞는지 들어 보세요.

Match the questions and answers. Then listen to check your answers.

38

(1) 레아 씨, 지금 어디에 가요? ___ⓐ___

(2) 지유 씨, 내일 뭐 할 거예요? ______

(3) 연휴에 특별한 계획이 있어요? ______

(4) 이번 방학에도 여행 갈 거예요? ______

(5) 학교 앞 중국집에서 점심을 먹을까 하는데 같이 갈래요? ______

ⓐ 백화점요. 신발을 하나 살까 해서요.

ⓑ 없어요. 연휴에 그냥 집에서 쉴까 해요.

ⓒ 네. 저도 중국 음식을 먹고 싶었어요. 같이 가요.

ⓓ 친구가 내일 이사를 해요. 그래서 이사하는 걸 도울까 해요.

ⓔ 네. 아직 제주도를 못 가 봐서 이번 방학에는 제주도 여행을 할까 해요.

3 사람들이 이번 주말에 무엇을 할 생각이 있는지 말해 보세요.

Ask and answer questions about the people's plan for this weekend.

(1) 리카

(2) 레아

(3) 다니엘

(4) 브루나

(5) 제이슨

(6) 샤오동

A 리카 씨, 이번 주말에 뭐 할 거예요?

B 글쎄요. 친구를 만날까 해요.

4 앞으로 할 생각 중인 계획에 대해 친구와 묻고 대답해 보세요. 그리고 친구의 대답을 써 보세요.

Ask your partner about his/her plans for the following time. Then write his/her answers in the chart.

A 레아 씨, 이번 방학에 뭐 할 거예요?

B 좋아하는 가수의 공연을 보러 갈까 해요.

상황	계획
이번 방학	좋아하는 가수의 공연을 보러 갈까 해요.
내일 저녁	
다음 주말	

읽고 말하기 Reading and speaking

1 **다음 사진과 제목을 보세요. 어떤 식당인지 말해 보세요.**
Look at the title and the pictures of the posting. Talk about what kind of restaurant it is.

맛집

리카의 블로그 | 맛있는 집

[신촌 맛집] 50년 전통의 이화불고기

URL 복사 + 이웃추가

지난주에 신촌에 있는 '이화불고기'에서 우리 반 모임이 있었습니다. 처음에는 다른 식당에 갈까 했는데 '이화불고기'가 유명해서 이 식당에서 모이기로 했습니다. 가기 전에 제가 미리 예약을 해서 우리는 기다리지 않고 바로 자리에 앉을 수 있었습니다.

우리는 식당 2층에 앉았습니다. 먼저 여러 가지 반찬이 나왔습니다. 물김치가 맵지 않고 시원했습니다. 그다음에 불고기가 나왔습니다. 불고기를 구워 먹었는데 달고 아주 맛있었습니다. 선생님이 불고기를 상추와 깻잎에 싸서 먹는 방법을 알려 주셨습니다. 우리도 그렇게 먹어 봤는데 훨씬 더 맛있었습니다.

반찬도 다양하고 불고기도 맛있어서 잘 먹었습니다. 그래서 다음에 부모님이 한국에 오시면 여기에 꼭 모시고 가고 싶습니다.

#불고기 #맛집 #이화불고기

2 **위의 글은 식당 방문에 대한 내용이에요. 읽고 답해 보세요.**
The posting above is about visiting a restaurant. Read and answer the questions.

(1) 식당에서 있었던 일로 맞지 <u>않는</u> 것을 골라 보세요.
Choose the incorrect picture about what happened at the restaurant.

① 

② 

③ 

(2) 읽은 내용과 같으면 ○, 다르면 ×로 표시해 보세요. Mark ○ if it is true, × if it is false.

① 이 식당이 유명해서 가게 됐습니다. ( )

② 물김치는 안 맵고 달았습니다. ( )

③ 다음에 부모님과 이 식당에 갈 겁니다. ( )

3 역할극을 해 보세요.

Do a roleplay.

(1) 상진이 다니엘에게 식당을 추천하고 있어요. 여러분이 상진과 다니엘이 되어 대화해 보세요.
Sangjin is recommending a restaurant to Daniel. Roleplay as Sangjin and Daniel.

다니엘

부모님이 한국에 오셨어요. 부모님과 갈 만한 식당이 어디인지, 그 식당은 뭐가 맛있는지 물어보세요.

Daniel's parents visited Korea. Ask Sangjin for recommendations on a restaurant and food.

상진

부모님과 갈 만한 식당에 대해 다니엘의 질문에 대답해 보세요.

Recommend a restaurant and food for Daniell's parents.

어디에 가면 좋을까요? → 거기는 뭐가 맛있어요? → 떡갈비는 어떤 음식이에요?

기능 표현 잘하는 음식 추천하기 Recommending famous food

A 거기는 뭐가 맛있어요? / 그 집은 뭘 잘해요?

B 불고기와 떡갈비가 맛있어요. / 불고기하고 떡갈비를 잘해요. / 불고기하고 떡갈비가 유명해요.

상진	다니엘 씨, 이번 주말에 뭐 해요?
다니엘	부모님이 어제 한국에 오셔서 같이 구경하려고 해요. 그리고 토요일 저녁에 한식당에 모시고 갈까 하는데 어디에 가면 좋을까요?
상진	그럼 인사동에 있는 '우리한식당'에 한번 가 보세요.
다니엘	'우리한식당'요? 거기는 뭐가 맛있어요?
상진	불고기와 떡갈비가 맛있어요. 한번 드셔 보세요.
다니엘	떡갈비는 아직 먹어 본 적이 없는데 어떤 음식이에요?
상진	다진 고기를 떡처럼 네모나게 만들어서 구운 거예요. 맵지 않고 맛있어요.
다니엘	그래요? 부모님이 좋아하시겠어요. 고마워요. 부모님 모시고 꼭 가 볼게요.

(2) 친구나 가족과 같이 갈 수 있는 식당을 추천하는 대화를 해 보세요.
Have a conversation recommending a restaurant to visit with friends or family.

3 양파를 넣은 후에 볶으세요
After adding the onions, stir fry them

문법 Grammar

1 다음을 읽어 보세요. 김치볶음밥은 어떻게 만들어요?
Read the following. How do you make Kimchi fried rice?

오늘은 김치볶음밥을 만들려고 합니다. 먼저 김치를 작게 써세요. 프라이팬에 기름을 두른 후에 김치를 넣고 볶으세요. 그다음에 밥을 넣고 같이 볶으세요.

V-은 후(에)/ㄴ 후(에)

A 어제 저녁에 뭐 했어요?
B 책을 읽은 후에 텔레비전을 봤어요.

A 우리 영화를 본 후에 저녁 먹을래요? 저녁을 먹은 후에 영화 볼래요?
B 영화를 본 후에 저녁을 먹어요.

A 샐러드는 언제 만들 거예요?
B 스파게티를 만든 후에 샐러드를 만들 거예요.

A 샤오동 씨는 보통 신발 신을 때 어느 쪽 신발부터 신어요?
B 저는 보통 오른쪽 신발을 먼저 신은 후에 왼쪽 신발을 신는 것 같아요.

'-은 후(에)/ㄴ 후(에)'는 동사에 붙어 어떤 행동을 시간적으로 먼저 한 다음에 뒤의 행동을 함을 나타낼 때 사용한다.
후(에) means "after." -은 후(에)/ㄴ 후(에) is attached to a verb to indicate that the action is taken before the action of the following clause.

받침 ○ + 은 후(에)

받침 ×, ㄹ + ㄴ 후(에)

2 질문에 알맞은 대답을 찾아 써 보세요. 그리고 맞는지 들어 보세요.
Match the questions and answers. Then listen to check your answers.

39

(1) 이 사과 먹어도 돼요? ⓒ
(2) 라면은 어떻게 끓여요? ______
(3) 어제 수업이 끝난 후에 뭐 했어요? ______
(4) 언제부터 블루진스를 좋아하게 됐어요? ______
(5) 샤오동 씨, 식사 후에 항상 차를 마셔요? ______

ⓐ 네. 식사한 후에 차를 마셔요.
ⓑ 수업이 끝나고 탁구를 치러 갔어요.
ⓒ 아직 안 씻었어요. 씻은 후에 드세요.
ⓓ 물을 끓인 후 라면과 스프를 넣으면 돼요.
ⓔ 1년 전 텔레비전에서 그 그룹의 노래를 들은 후에 좋아하게 됐어요.

3 다음을 보고 '-은 후(에)/ㄴ 후(에)'를 사용해서 빈칸에 써 보세요.

Look at the following pictures and write in the blanks using –은 후(에)/ㄴ 후(에).

(1)

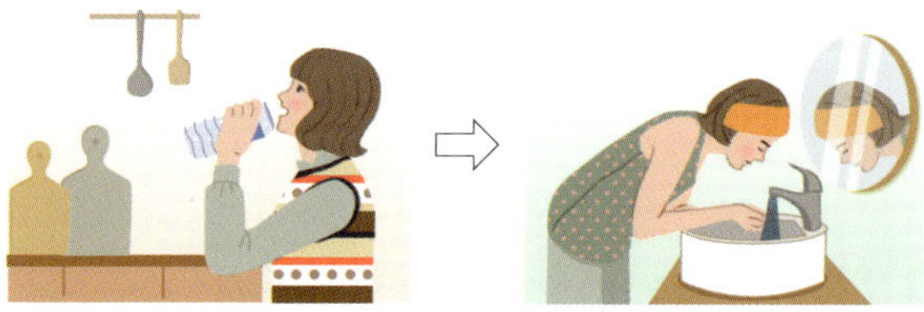

A 아침에 일어나면 뭐 해요?

B 먼저 물을 마신 후에 세수해요.

(2)

A 언제 커피를 마셔요?

B ____________________ 커피를 마셔요.

(3)

A 언제 저녁 식사를 준비할 거예요?

B 슈퍼마켓에 가서 ____________________ 저녁을 준비할 거예요.

(4)

A 고기를 먼저 구울까요? 찌개를 먼저 끓일까요?

B 먼저 ____________________ 찌개를 끓이는 게 어때요?

(5)

A 저기에서 입장권을 파는 것 같아요.

B 잠깐만요. 돈을 좀 먼저 찾을게요. ____________________ 입장권을 사러 가요.

4 저녁을 먹은 후에 무엇을 하는지 친구들과 묻고 대답해 보세요. 그리고 친구들의 대답을 써 보세요.

Ask your classmates about what they do after dinner. Then write their answers in the chart.

A 리카 씨, 저녁을 먹은 후에 보통 뭐 해요?

B 저녁을 먹은 후에 숙제를 해요. 그리고 숙제를 한 후에 가족들과 영상 통화를 해요.

이름	저녁을 먹은 후에 보통 뭐 해요?
리카	저녁을 먹은 후에 숙제를 해요. 그리고 숙제를 한 후에 가족들과 영상 통화를 해요.

듣고 말하기 Listening and speaking

1 **다음은 여러 나라의 음식이에요. 이 음식들은 어느 나라 음식인지, 어떻게 만들 것 같은지 말해 보세요.**

Look at the pictures. Which country do these dishes belong to? Can you guess their recipes?

똠얌꿍

케밥

라타투이(Ratatouille)

2 **레아와 타나펀의 대화예요. 잘 듣고 물음에 답해 보세요.**

Listen to the conversation between Léa and Thanaporn and answer to the question.

40

(1) 레아는 어제 왜 친구들과 저녁을 못 먹었어요?

Why didn't Léa have dinner with her friends yesterday?

____

(2) 사진을 보고 라타투이를 만드는 순서에 맞게 번호를 써 보세요.

Look at the pictures and write the numbers in the correct order to make ratatouille.

(　　　)

(　　　)

(　　　)

(2) 들은 내용과 같으면 ◯, 다르면 ×로 표시해 보세요.

Mark ◯ if it is true, × if it is false.

① 레아는 어제 남편과 프랑스 식당에 갔어요. (　　　)

② 라타투이는 프랑스에서 생일에 먹는 음식이에요. (　　　)

③ 라타투이는 빵과 함께 먹으면 아주 맛있어요. (　　　)

3 여러 나라 음식에 대해 이야기해 보세요.
Talk about food from around the world.

(1) 여러분 나라의 대표적인 음식이 뭐예요? 그 음식의 재료와 요리법, 맛에 대해 써 보세요.
What is a famous dish in your country? Write about its ingredients, recipe, and taste.

대표적인 음식은 뭐예요?	된장찌개	
어떤 재료가 들어가요?	된장, 두부, 호박, 양파, 감자 등	
어떻게 만들어요?	• 호박, 양파, 감자, 두부를 작게 썰어요. • 물을 끓인 후에 된장을 풀고 작게 썬 채소를 넣어요. • 조금 끓인 후에 두부를 넣어요.	
맛은 어때요?	조금 짜지만 구수하고 맛있어요.	

(2) 3~4명씩 모이세요. 여러분 나라의 대표적인 음식에 대해 친구들과 묻고 대답해 보세요.
In groups of three to four, talk about famous food of your country.

대표적인 음식은 뭐예요?

어떤 재료가 들어가요?

어떻게 만들어요?

맛은 어때요?

(3) 팀에서 이야기한 음식 중에서 가장 먹어 보고 싶은 음식을 선택해서 발표해 보세요.
Choose the food that your group members want to try the most and present it to the class.

> 우리가 가장 먹어 보고 싶은 음식은 된장찌개입니다. 재료는 된장, 두부, 호박, 양파, 감자 등이 들어갑니다. 된장찌개는 먼저 호박, 양파, 감자, 두부를 작게 썹니다. …… 여러분도 꼭 한번 먹어 보세요.

읽고 쓰기 Reading and writing

1 **다음 사진을 보세요. 어떤 음식인지 말해 보세요.**
Look at the picture. Talk about what kind of food it is.

잊을 수 없는 음식

제가 한국에 와서 먹은 음식 중에서 기억에 남는 음식이 있습니다. 그건 바로 작년 생일에 먹은 미역국입니다.

작년 생일에 저는 독감에 걸려서 많이 아팠습니다. 혼자 사니까 식사를 잘 챙겨 먹지 못했습니다. 그런데 그날 점심에 한국 친구가 우리 집에 왔습니다. 친구는 저에게 "제이슨 씨, 한국 사람들은 생일에 꼭 미역국을 먹어요."라고 말했습니다. 그리고 소고기를 넣은 미역국을 끓여 주었습니다. 사실 미역은 처음 본 것이라서 조금 이상했습니다. 하지만 친구의 마음이 고마워서 미역국을 먹어 보았습니다. (Ⓐ)

한국 친구가 맛있게 끓여 준 미역국을 먹은 후에 마음이 따뜻해졌습니다. 독감도 다 나은 것 같았습니다. 아픈 저를 따뜻하게 챙겨 줘서 미역국은 저에게 최고의 생일 선물이 되었고, 그다음부터 잊지 못할 음식이 되었습니다.

2 **위의 글은 기억에 남는 음식에 대한 내용이에요. 읽고 답해 보세요.**
The passage above is about Jason's unforgettable food. Read and answer the questions.

(1) 제이슨에 대해 읽은 내용과 같으면 ○, 다르면 ×로 표시해 보세요. Mark ○ if it is true about Jason, × if it is false.

① 아프지만 혼자 식사를 잘 챙겨 먹었습니다. (   )

② 생일날 한국 친구와 점심을 먹기로 했습니다. (   )

③ 생일에 미역국을 먹고 선물도 받았습니다. (   )

(2) 제이슨에게 미역국은 왜 잊지 못할 음식이 되었어요?
Why did seaweed soup become an unforgettable dish for Jason?

____

(3) Ⓐ에 들어갈 문장으로 알맞은 것을 골라 보세요. Choose the appropriate sentence for Ⓐ.

① 미역이 건강에 좋습니다.

② 미역국이 생각보다 너무 맛있었습니다.

③ 미역국을 끓이는 것은 어렵지 않았습니다.

3 기억에 남는 음식을 소개하는 글을 써 보세요.
Write about introducing a memorable food.

(1) 다음 질문을 보고 메모해 보세요.
Write a note about the following questions.

기억에 남는 음식은 어떤 음식입니까?

언제, 어디에서 먹었습니까?

왜 기억에 남습니까?

(2) 위의 메모를 바탕으로 여러분 기억에 남는 음식에 대한 글을 써 보세요.
Based on the notes above, write about one of the memorable food you have experienced.

오곡밥과 팥죽
Five grain rice and red bean porridge

준비하기

- 다음은 정월대보름과 동지에 먹는 음식이에요. 어떤 음식일까요?
  Below are food that Korean usually eat on the day of the first full moon of the lunar year and the winter solstice. What kind of food are they?

알아보기

- 한국의 명절 중에 정월대보름과 동지가 있는데요. 정월대보름은 한 해의 첫 번째 보름달이 뜨는 날로 음력 1월 15일이에요. 정월대보름 전날 저녁에는 오곡밥과 나물을 먹고, 당일 아침에는 땅콩, 호두, 밤 등의 부럼을 먹어요. 동지는 일 년 중 밤이 가장 긴 날로 보통 양력 12월 22일이에요. 이날은 붉은 팥으로 죽을 만들고 여기에 찹쌀로 만든 새알심을 넣어 먹어요.
  In Korea, we have two significant holidays called "Jeongwoldaeboreum" and "Dongji." Jeongwoldaeboreum is the day when the first full moon of the lunar year appears, which falls on the 15th day of the first lunar month. The evening before Jeongwoldaeboreum, we enjoy a meal of five-grain rice accompanied by a variety of seasoned vegetables. On the morning of Jeongwoldaeboreum, we eat various nuts such as peanuts, walnuts, and chestnuts, a tradition known as "Bureom." On the other hand, Dongji signifies the winter solstice, which typically falls on December 22nd in the Gregorian calendar, marking the longest night of the year. On this day, we prepare a special dish called "Patjuk," a red bean porridge that contains rice cake balls made from glutinous rice called "Saealssim."

생각해 보기

- 정월대보름이나 동지에 관련된 경험에 대해 이야기해 보세요.
  Share your experiences related to the full moon day of the lunar year or winter solstice.
- 여러분 나라에는 어떤 명절이 있어요? 그 명절에 어떤 음식을 먹는지에 대해 이야기해 보세요.
  What holidays are celebrated in your country? Talk about the traditional foods you eat during those holidays.

어휘와 표현 확인

Vocabulary and expressions check

의미를 아는 어휘나 표현에 ✓표 해 보세요.

Check(✓) the vocabulary or expressions that you know.

1 된장찌개를 먹을래요?

- ☐ 고기 meat
- ☐ 소고기/쇠고기 beef
- ☐ 돼지고기 pork
- ☐ 새우 shrimp
- ☐ 조개 shellfish
- ☐ 오징어 squid
- ☐ 채소 vegetable
- ☐ 파 green onion
- ☐ 감자 potato
- ☐ 상추 lettuce
- ☐ 버섯 mushrooms
- ☐ 양파 onion
- ☐ 호박 pumpkin, zucchini
- ☐ 다이어트 diet
- ☐ 녹차 green tea
- ☐ 잡지 magazine
- ☐ 묵다 stay at~
- ☐ 펜션 guesthouse
- ☐ 기르다 to raise
- ☐ 순두부찌개 soft tofu stew
- ☐ 제육볶음 stir-fried spicy pork
- ☐ 분식집 snack restaurant
- ☐ 토마토 tomato
- ☐ (몸에) 뭐가 나다 to have rashes on one's body
- ☐ 가렵다 to be itchy
- ☐ 시키다 to order
- ☐ 같은 like, such as
- ☐ 두부 tofu

2 한식당에 갈까 해요

- ☐ 찌다 to steam
- ☐ 굽다 to roast
- ☐ 볶다 to stir fry
- ☐ 부치다 to pan fry
- ☐ 삶다 to boil
- ☐ 섞다 to mix
- ☐ 썰다 to cut into pieces
- ☐ 튀기다 to fry
- ☐ 끓이다 to boil
- ☐ 만두 dumpling
- ☐ 종강 the end of the term
- ☐ 연휴 holidays
- ☐ 그냥 just
- ☐ 물김치 Water Kimchi
- ☐ 깻잎 sesame leaf
- ☐ 싸서 먹다 to wrap up something to eat
- ☐ 다양하다 to be various
- ☐ 모시고 가다 to take someone (honorific)
- ☐ 한식당 Korean restaurant
- ☐ 떡갈비 Grilled short rib patties
- ☐ 다지다 to mince

3 양파를 넣은 후에 볶으세요

- ☐ 프라이팬 frying pan
- ☐ 기름을 두르다 to oil a pan
- ☐ 입장권 entrance ticket
- ☐ 영상 통화 video call
- ☐ 가지 eggplant
- ☐ 간단하다 to be simple
- ☐ 된장을 풀다 to dissolve the soybean paste
- ☐ 짜다 to be salty
- ☐ 구수하다 to be savory
- ☐ 대표적 representative
- ☐ 미역국 seaweed soup
- ☐ 이상하다 to be strange
- ☐ 잊다 to forget

11 단원 Unit

교통
Transportation

1

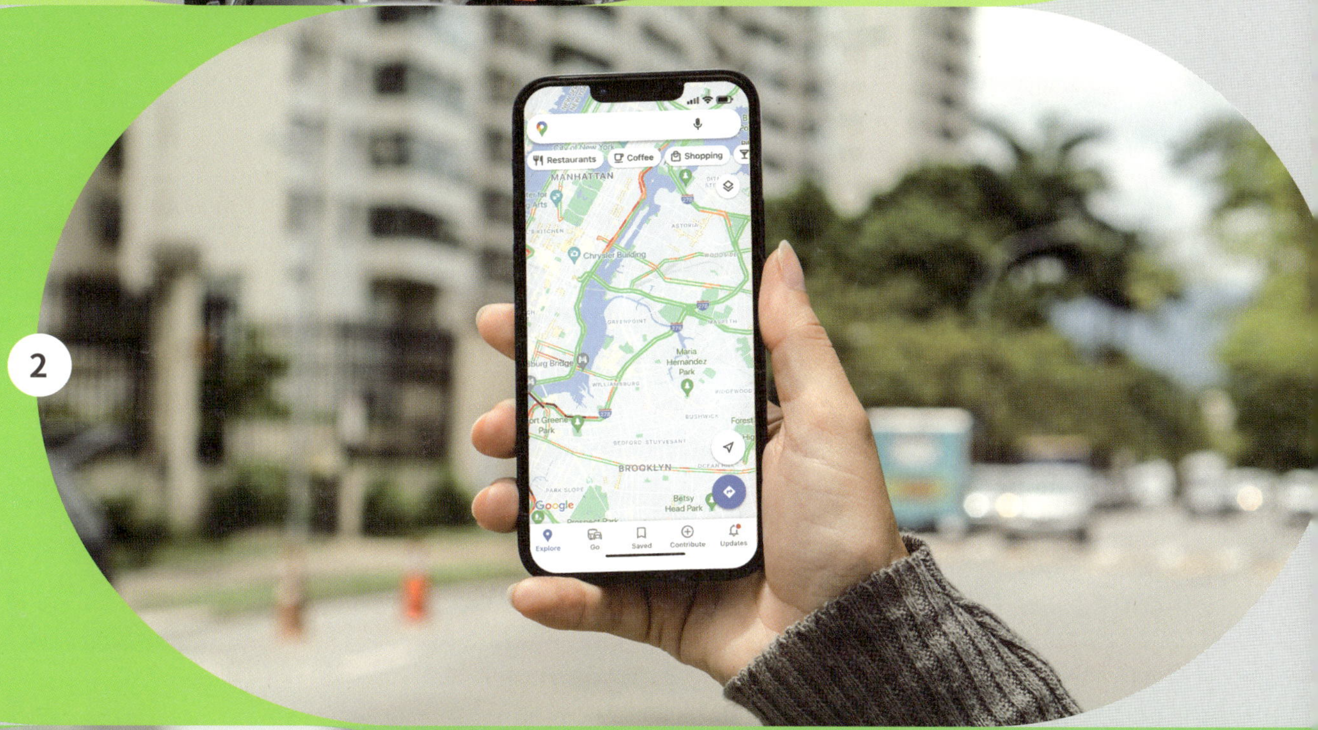

2

3

다음 표현에 알맞은 사진을 찾아서 번호를 써 보세요.

Match the expressions with the pictures and write the number in the box.

☐ 부산행 기차표를 예매했어요.

☐ 차가 많이 밀렸어요.

☐ 지도를 보고 찾아가요.

1 길이 많이 막히네요
The road is heavily congested

어휘와 표현 Vocabulary and expressions

1 **다음은 버스와 택시를 이용하는 모습이에요. 그림에 맞는 표현을 소리 내서 읽어 보세요.**
The pictures illustrate people using a bus or taxi. Match the expressions with the pictures. Then read them aloud.

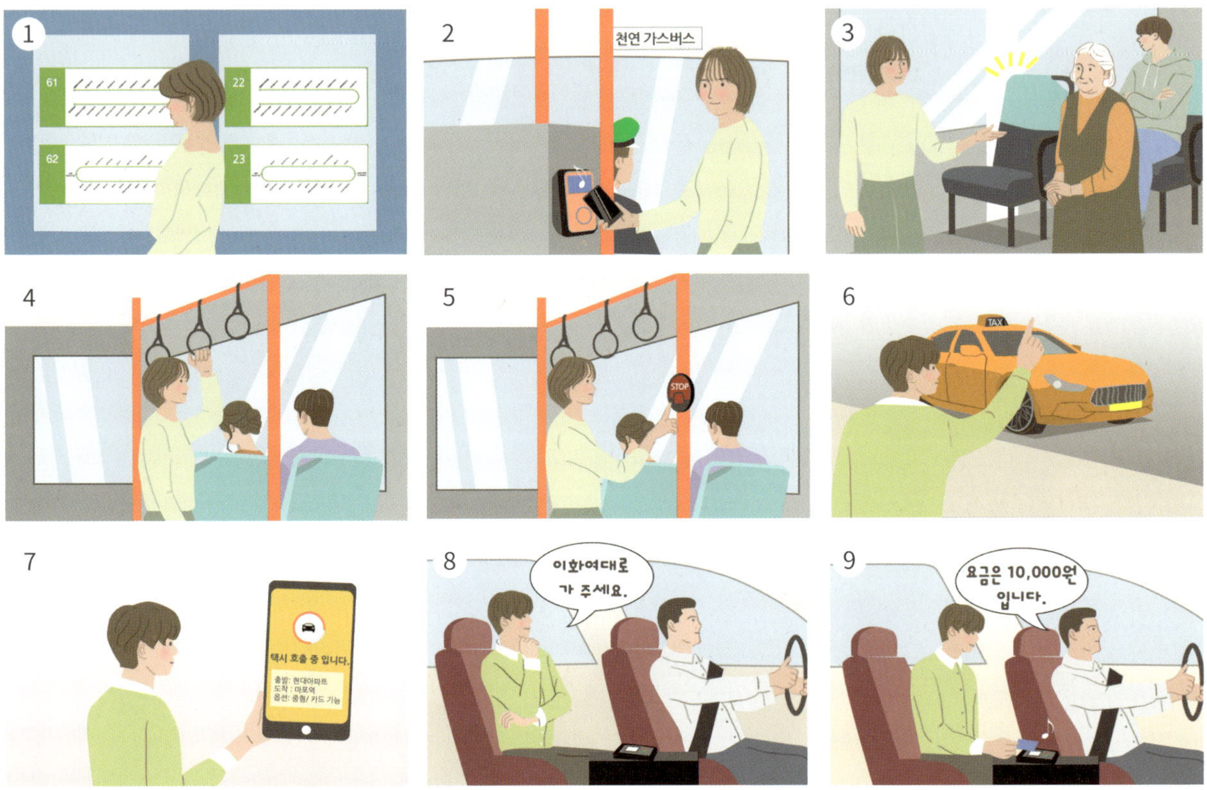

① 버스 노선을 봐요	② 단말기에 교통카드를 찍어요	③ 자리를 양보해요
④ 손잡이를 잡아요	⑤ 벨을 눌러요	⑥ 택시를 잡아요
⑦ 택시를 불러요	⑧ 목적지를 말해요	⑨ 택시 요금을 내요

2 **위의 그림을 보면서 사람들이 무엇을 하는지 친구와 이야기해 보세요.**
Look at pictures above. Ask and answer questions about what people are doing.

지금 뭐 해요?

버스 노선을 봐요.

문법 Grammar

1 대화를 듣고 다음 질문에 알맞은 답을 골라 보세요.
Listen to the conversations. Then choose the correct answer to each question.

41

(1) 지금 길이 어때요?

①

②

(2) 날씨가 어때요?

①

②

A/V-네요

A 오늘 날씨가 정말 춥네요.
B 네. 바람이 불어서 더 추운 것 같아요.

A 이게 브루나가 그린 그림이에요.
B 정말요? 브루나가 그림을 잘 그리네요.

A 바지 어떠세요? 잘 맞으세요?
B 디자인은 예쁜데 좀 크네요.

A 오늘 일찍 출근했네요.
B 네. 할 일이 있어서 좀 일찍 왔어요.

'-네요'는 형용사, 동사, '이다'에 붙어 말하는 사람이 직접 경험하여 새롭게 알게 된 사실을 나타낸다. 흔히 감탄의 뜻으로 사용한다.
-네요 is attached to an adjective, a verb, or 이다 to indicate a fact that the speaker has personally experienced and newly discovered. It is commonly used to express a sense of admiration or surprise.

2 질문에 알맞은 대답을 찾아 써 보세요. 그리고 맞는지 들어 보세요.
Match the questions and answers. Then listen to check your answers.

42

(1) 제가 만든 음식인데 먹어 볼래요? ⓔ
(2) 타나펀 씨, 방학이 언제부터예요? ______
(3) 이 집은 어떠세요? 마음에 드세요? ______
(4) 목걸이가 예쁘네요. 선물 받았어요? ______
(5) 이 가수 목소리가 너무 좋지 않아요? ______

ⓐ 네. 어머니께 선물 받았어요.
ⓑ 네. 목소리도 좋고 노래도 잘하네요.
ⓒ 위치도 좋고 방도 커서 마음에 드네요.
ⓓ 다음 주부터예요. 이번 학기도 곧 끝이네요.
ⓔ 이걸 레아 씨가 만들었어요? 정말 맛있네요.

3 다음 사진을 보고 새롭게 알게 된 것에 대해 말해 보세요.

Look at the pictures and talk about what you have newly discovered.

(1) 제주도

경치가 아름답다

(2) 레아의 집

집이 예쁘다

(3) 할아버지 댁

할아버지와 많이 닮았다

(4) 우리 반 모임

재미있었겠다

(5) 친구의 결혼식

신랑, 신부가 잘 어울리다

(6) 초등학교 졸업식

어렸을 때 귀여웠다

A 이 사진 좀 보세요. 제주도에서 찍은 사진이에요.

B 경치가 아름답네요.

4 친구가 이야기하는 상황을 듣고 그 상황에 대한 자신의 생각을 말해 보세요. 그리고 서로 말한 내용을 써 보세요.

Listen to your partner describing various situations and express your thoughts about each of those situations. Then write your thoughts in the chart.

A 학교에서 기숙사까지 5분 걸려요.

B 정말 가깝네요.

상황	생각
학교에서 기숙사까지 5분 걸려요.	정말 가깝네요.
이 커피가 한 잔에 만 원이에요.	
제이슨은 한국에서 5년 동안 살았어요.	

듣고 말하기 Listening and speaking

1 **다음은 약속에 늦은 여러 가지 이유예요. 왜 늦었는지 이야기해 보세요.**
Look at the pictures. Why are these people late for their appointment?

2 **다니엘과 수빈의 대화예요. 잘 듣고 물음에 답해 보세요.**
Listen to the conversation between Daniel and Subin and answer to the questions.

43

(1) 앱에 대해 맞지 <u>않는</u> 것을 골라 보세요.
Choose the incorrect statement about the app.

① 출발지와 목적지를 입력하면 택시를 부를 수 있어요.
② 수빈은 택시를 탈 때 앱을 자주 이용해요.
③ 택시 요금은 목적지에 도착한 후에 내야 돼요.

(2) 다니엘은 약속에 왜 늦었어요?
Why was Daniel late for the appointment?

3 **타나펀과 올가의 대화예요. 잘 듣고 물음에 답해 보세요.**
Listen to the conversation between Thanaporn and Olga and answer to the questions.

44

(1) 올가가 약속에 늦은 이유로 맞는 것을 골라 보세요.
Choose the reason why Olga was late for the appointment.

① 주말이라서 차가 많이 밀렸어요.　② 지갑을 집에 놓고 나왔어요.
③ 지하철에서 가방을 잃어버렸어요.

(2) 올가에 대해 들은 내용과 같으면 ○, 다르면 ×로 표시해 보세요.
Mark ○ if it is true about Olga, × if it is false.

① 집 근처에서 택시를 탔어요. (　　)
② 타나펀이 화를 내서 당황했어요. (　　)
③ 공연이 시작한 후에 도착했어요. (　　)

4 다음과 같이 교통 때문에 약속에 늦은 상황에 대해 대화해 보세요.

Practice this conversation about being late for an appointment due to traffic by using the words provided below.

브루나 여보세요. 제이슨 씨, 제가 지금 가고 있는데 좀 늦을 것 같아요. 미안해요.

제이슨 그래요? 저는 방금 도착했어요.

브루나 일찍 나왔는데 근처에서 사고가 나서 길이 많이 막히네요.

제이슨 지금 버스로 오고 있어요?

브루나 아니요. 버스보다 택시가 빠를 것 같아서 택시를 탔어요.

제이슨 알겠어요. 걱정하지 마세요. 먼저 카페에 가서 있을게요.

브루나 네. 빨리 갈게요.

(1)	(2)	(3)	(4)
근처에서 사고가 나다	도로가 공사 중이다	시내에 행사가 있다	
길이 많이 막히다	차가 많이 밀리다	차가 꼼짝도 안 하다	
버스보다 택시가 빠를 것 같다	짐이 있다	버스 노선을 잘 모르다	
카페에 가다	식당에 들어가다	영화관에 가다	

발음 Pronunciation

1. 잘 듣고 맞는 것에 ✓표 해 보세요.

Listen carefully and check(✓) the box with the correct answer.

45

(1) 정류장 [☐ 정류장, ☐ 정뉴장]

(2) 음료수 [☐ 음뇨수, ☐ 음료수]

(3) 컵라면 [☐ 컴나면, ☐ 컴라면]

(4) 대학로 [☐ 대학노, ☐ 대항노]

비음화 ④ Nasalization ④

'ㄹ'은 받침 'ㅁ'이나 'ㅇ' 뒤에서 [ㄴ]으로 발음한다. ㄹ is pronounced as [ㄴ] after the final consonants ㅁ or ㅇ.

심리학 [심니학]

강릉 [강능]

'ㄹ'은 받침 'ㅂ'이나 'ㄱ' 뒤에서 [ㄴ]으로 발음한다. 이때 바뀐 [ㄴ] 앞에 있는 'ㅂ, ㄱ'은 [ㅁ, ㅇ]으로 바뀐다. ㄹ is pronounced as [ㄴ] after the final consonants ㅂ or ㄱ. In this case, the ㅂ or ㄱ followed by the changed [ㄴ] changes to [ㅁ, ㅇ].

협력 [혐녁]

석류 [성뉴]

2. 잘 듣고 따라 해 보세요.

Listen carefully and repeat the following sentences.

46

(1) 어제 종로에 갔어요.

(2) 오늘은 음력 1월 1일이에요.

(3) 왕십리역에서 내리세요.

(4) 제 동생은 국립 대학교에 다녀요.

2 시간이 30분밖에 안 걸려요?
Does it only take 30 minutes?

어휘와 표현 Vocabulary and expressions

1 **다음은 기차표 예약에 필요한 정보예요. 그림에 맞는 어휘를 소리 내서 읽어 보세요.**
The pictures illustrate information required for train ticket reservation. Match the words with the pictures. Then read them aloud.

①
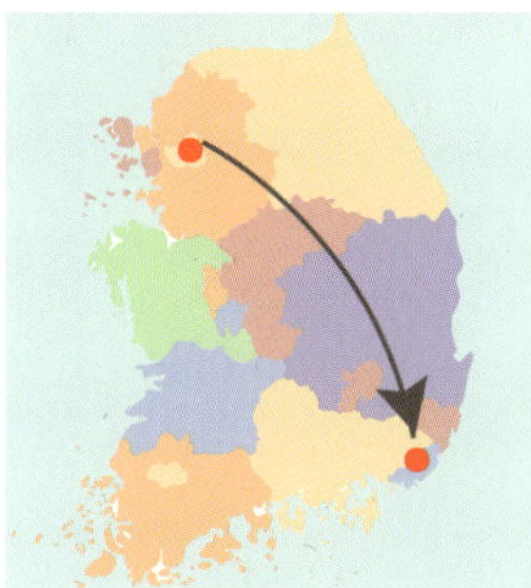

②
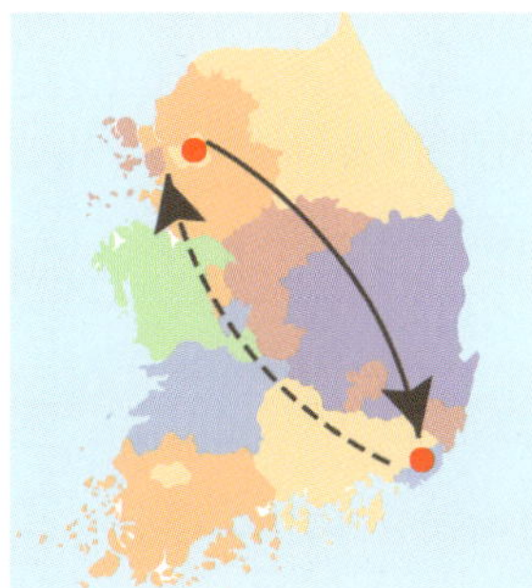

③

④
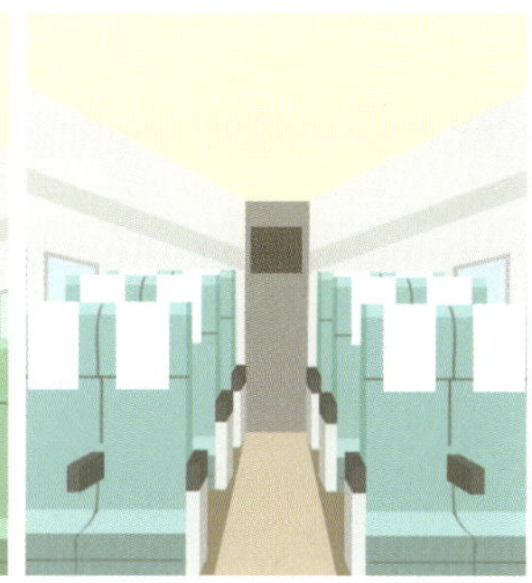

⑤

⑥

⑦

⑧

① 편도　② 왕복　③ 특실　④ 일반실
⑤ 창가 자리　⑥ 통로 자리　⑦ 순방향　⑧ 역방향

2 **위의 그림을 보고 기차표 예매에 대해 친구와 묻고 대답해 보세요.**
Look at the pictures above. Ask and answer questions about booking a train ticket.

편도로 예매했어요?

네. 편도로 예매했어요.

문법 Grammar

1 다음을 듣고 대화를 읽어 보세요. 서울에서 부산까지 얼마나 걸려요?

Listen and read the conversation. How long does it take from Seoul to Busan?

47

N이나/나, N밖에

A 어제 등산 다녀와서 잘 쉬었어요?
B 네. 피곤해서 열 시간**이나** 잤어요.

A 이 피자 좀 먹을래요?
B 아니요. 아까 빵을 세 개**나** 먹어서 배가 불러요.

A 여기에서 학교가 멀어요?
B 아니요. 걸어서 5분**밖에** 안 걸려요.

A 볼펜 좀 빌려줄 수 있어요?
B 미안해요. 지금 볼펜이 하나**밖에** 없어요.

'이나/나'는 명사에 붙어 수량이 기대보다 크거나 많음을 나타낼 때 사용한다. '밖에'는 명사에 붙어 수량이 기대보다 작거나 적을 때 사용하며 반드시 부정을 나타내는 말과 함께 사용한다.

이나/나 is attached to a noun to indicate that the quantity is larger or more than expected. 밖에 is attached to a noun to indicate a smaller or less quantity than expected, and it is always used with negation.

받침 ○ + 이나, 밖에

받침 × + 나, 밖에

2 질문에 알맞은 대답을 찾아 써 보세요. 그리고 맞는지 들어 보세요.

Match the questions and answers. Then listen to check your answers.

48

(1) 기말시험이 언제예요? ⓒ
(2) 요즘도 수영을 매일 해요? ______
(3) 이 영화를 여러 번 봤어요? ______
(4) 지유 씨, 강아지를 좋아해요? ______
(5) 브루나 씨 반에 브라질 학생이 몇 명 있어요? ______

ⓐ 브라질 사람이 저밖에 없어요.
ⓑ 네. 영화가 너무 재미있어서 열 번이나 봤어요.
ⓒ 내일모레예요. 시험이 이틀밖에 안 남았어요.
ⓓ 네. 그래서 강아지를 세 마리나 키우고 있어요.
ⓔ 아니요. 요즘은 바빠서 일주일에 한 번밖에 못 해요.

3 학생 A와 학생 B가 되어 다음 질문에 대해 묻고 대답해 보세요. 그리고 대답 칸에 알맞게 쓰고 □에 ✓표 해 보세요. Ask and answer the following questions with Student B. Then, write down his/her answers and mark your opinions for them with a check (✓) in the chart.

학생 B p.144 >

학생 A

	질문	대답	생각
(1)	한국 친구가 몇 명 있어요?	네 명	☑ 많다 □ 적다
(2)	한 달에 책을 몇 권 읽어요?	한 권	□ 많다 ☑ 적다
(3)	일주일에 빨래를 몇 번 해요?		□ 많다 □ 적다
(4)	하루에 커피를 몇 잔 마셔요?	세 잔	☑ 많다 □ 적다
(5)	한 달에 생활비를 얼마나 써요?		□ 많다 □ 적다
(6)	일주일에 친구를 몇 번 만나요?	다섯 번	☑ 많다 □ 적다
(7)	하루에 한국어를 몇 시간 공부해요?		□ 많다 □ 적다
(8)	서울에서 제주도까지 비행기로 얼마나 걸려요?	한 시간	□ 많다 ☑ 적다

A 한국 친구가 몇 명 있어요?

B 한국 친구가 네 명이나 있어요.

4 어떤 행동을 얼마나 많이 하는지 친구와 묻고 대답해 보세요. 그리고 묻고 답한 내용을 써 보세요. Ask your partner how much he/she does a certain activity. Then write your questions and his/her answers in the chart.

A 하루에 게임을 몇 시간 해요?

B 저는 하루에 게임을 두 시간밖에 안 해요.

질문	대답
하루에 게임을 몇 시간 해요?	저는 하루에 게임을 두 시간밖에 안 해요.
일주일에 청소를 몇 번 해요?	
한 달에 고향 음식을 몇 번 먹어요?	

읽고 말하기 Reading and speaking

1 다음 사진을 보세요. 문화 수업 장소가 어디인지, 무엇을 타고 가야 하는지 말해 보세요.
Look at the pictures. Where does the cultural class take place and how can you get there?

문화 활동 안내문

CULTURAL CLASS

이번 주 수요일에 연극 관람이 있습니다. 신청하신 분들은 오후 4시까지 대학로에 있는 예술극장 앞으로 오세요. 오시는 방법은 다음과 같습니다.

지하철로 가는 방법

이대역에서 지하철 2호선을 타고 동대문역사문화공원역에서 4호선으로 갈아탑니다. 혜화역 1번 출구로 나와서 오른쪽으로 200m쯤 가면 예술극장이 있는데 금방 찾을 수 있습니다. 지하철역에서 예술극장까지 3분밖에 안 걸립니다.

버스로 가는 방법

이대 후문 버스 정류장에서 601번이나 272번 버스를 타면 한 번에 갈 수 있습니다. 40분 정도 걸리는데 지하철을 타는 것과 시간은 비슷합니다. 혜화역·서울연극센터에서 내려서 횡단보도를 건넌 후 5분 정도 걸어가면 예술극장이 있습니다.

2 위의 글은 목적지에 가는 방법에 대한 내용이에요. 읽고 답해 보세요.
The passage above is about how to get to the destination. Read and answer the questions.

(1) 학교에서 예술극장에 가는 방법으로 맞지 않는 것을 골라 보세요.
Choose the incorrect way to get to the arts theater from the school.

①
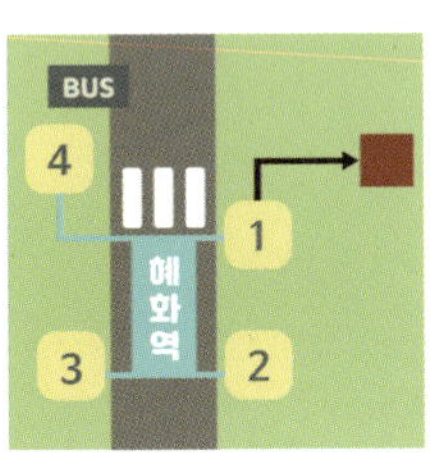

②
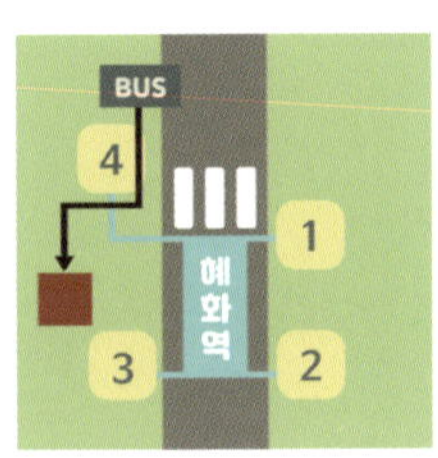

③
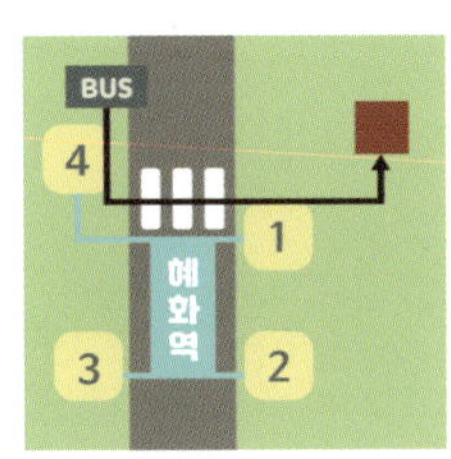

(2) 읽은 내용과 같으면 ○, 다르면 ×로 표시해 보세요. Mark ○ if it is true, × if it is false.

① 다음 주 수요일에 연극을 봅니다. ( )

② 버스를 타면 중간에 갈아타지 않아도 됩니다. ( )

③ 지하철역에서 예술극장까지 가깝습니다. ( )

3 역할극을 해 보세요.

Do a roleplay.

(1) 레아와 샤니가 레아의 집에 가는 방법을 이야기하고 있어요. 여러분이 레아와 샤니가 되어 대화해 보세요.
Léa and Shani are talking about how to get to Léa's house. Roleplay as Léa and Shani.

샤니
레아의 집이 어디인지, 학교에서 레아의 집까지 어떻게 가는지 물어보세요.
Ask where Léa's house is and how to get there from school.

레아
집에 오는 방법에 대해 샤니의 질문에 대답해 보세요.
Answer Shani's questions about how to get home.

레아 씨 집이 어디예요? → 학교에서 어떻게 가면 돼요? → 거기에서 어떻게 가야 돼요?

+ 더 알아보기

A-군요/V-는군요

형용사, 동사, '이다'에 붙어 말하는 사람이 보거나 듣고 새롭게 알게 된 사실을 말할 때 사용한다. 감탄의 뜻을 갖는다.
It is attached to an adjective, a verb, or 이다 to express something that a person has newly discovered by observing himself or hearing from someone else. It conveys a sense of admiration.

예) 그 식당은 비빔밥을 잘하는군요. 지난주에 많이 바빴군요.

기능 표현 목적지까지 가는 방법 묻고 답하기 Asking and answering how to get to the destination

A 학교에서 어떻게 가면 돼요? /
학교에서 어떻게 가야 돼요?

B 7611번 버스를 타고 아현초등학교에서 내리면 돼요. /
7611번 버스를 타고 아현초등학교에서 내리세요.

레아	토요일에 타나편이랑 우리 집에서 놀기로 했는데 샤니 씨도 올래요?
샤니	정말요? 저도 갈게요. 그런데 레아 씨 집이 어디예요?
레아	아현동인데 학교에서 멀지 않아요.
샤니	학교에서 어떻게 가면 돼요?
레아	이대역 사거리에서 7611번 버스를 타고 아현초등학교에서 내리면 돼요.
샤니	그래요? 거기에서 어떻게 가야 돼요?
레아	아현초등학교 쪽으로 횡단보도를 건너세요. 거기에서 오른쪽으로 100m쯤 가면 미래아파트가 보일 거예요. 버스 정류장에서 집까지 5분밖에 안 걸려요.
샤니	그렇군요. 알겠어요. 그럼 토요일에 봐요.

(2) 여러분의 집에 가는 방법에 대해 친구와 대화해 보세요.
Have a conversation about how to get to your house.

3 버스가 편리하기 때문에 많이 이용해요
I use the bus a lot because it's convenient

문법 Grammar

1 다음을 읽어 보세요. 이 사람은 왜 부산에 비행기로 가기로 했어요?
Read the following. Why did this person decide to go to Busan by plane?

다음 달에 친구와 부산으로 여행을 갈 겁니다. 부산에는 기차로도 갈 수 있고 비행기로도 갈 수 있습니다. 그런데 비행기가 기차보다 시간이 적게 걸리기 때문에 우리는 비행기로 가기로 했습니다.

A/V-기 때문에

A 왜 그 식당에 자주 가요?
B 음식이 맛있기 때문에 자주 가요.

A 도서관에 사람이 별로 없네요.
B 네. 지난주에 시험이 끝났기 때문에 별로 없는 것 같아요.

A 내일 같이 저녁 먹을래요?
B 제가 내일 출장을 가기 때문에 안 돼요.

A 우리 택시를 타고 갈까요?
B 지금 퇴근 시간이기 때문에 길이 막힐 것 같아요. 지하철을 타는 게 좋겠어요.

'-기 때문에'는 형용사, 동사, '이다'에 붙어 어떤 일의 이유나 원인을 나타낼 때 사용한다.
-기 때문에 is attached to an adjective, a verb, or 이다 to indicate the reason or cause of something.

2 질문에 알맞은 대답을 찾아 써 보세요. 그리고 맞는지 들어 보세요.
Match the questions and answers. Then listen to check your answers.

49

(1) 아침에 몇 시에 일어나요? ⓒ
(2) 뉴욕 시내 길을 잘 알아요? ______
(3) 새로 이사 간 원룸은 어때요? ______
(4) 건우 씨, 이번 방학에 뭐 할 거예요? ______
(5) 브루나 씨, 어떤 사람과 결혼하고 싶어요? ______

ⓐ 네. 뉴욕에서 오래 살았기 때문에 잘 알아요.
ⓑ 지하철역 근처에 있기 때문에 교통이 편리해요.
ⓒ 6시에요. 집에서 회사까지 멀기 때문에 일찍 일어나요.
ⓓ 할머니께서 부산에 사시기 때문에 방학에 뵈러 갈 거예요.
ⓔ 제가 여행을 좋아하기 때문에 여행을 좋아하는 사람과 결혼하고 싶어요.

3 다음을 보고 '-기 때문에'를 사용해서 빈칸에 써 보세요.

Look at the following pictures and write in the blanks using –기 때문에.

(1)

A 그 카페에 왜 자주 가요?

B 커피 값이 싸기 때문에 자주 가요.

(2)

A 오늘은 왜 버스를 타고 왔어요?

B ______________________ 버스를 타고 왔어요.

(3)

A 지난주 모임에 왜 안 왔어요?

B ______________________ 못 갔어요.

(4)

A 왜 그렇게 작게 말해요?

B ______________________ 작게 말해야 돼요.

(5)

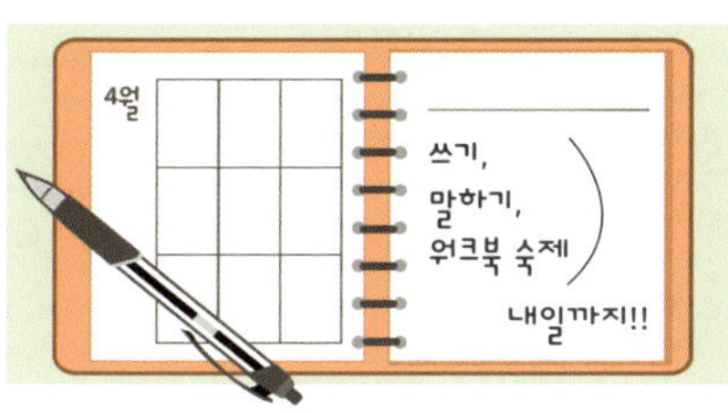

A 오늘 시간 있으면 영화 보러 갈래요?

B 미안해요. ______________________ 숙제해야 돼요.

4 어떤 행동을 하는 이유에 대해 친구와 묻고 대답해 보세요. 그리고 묻고 답한 내용을 써 보세요.

Ask your partner about why he/she does certain things. Then write your questions and his/her answers in the chart.

왜 어제 수업 끝나고 바로 나갔어요?

친구와 약속이 있었기 때문에 바로 갔어요.

질문	대답
왜 어제 수업 끝나고 바로 나갔어요?	친구와 약속이 있었기 때문에 바로 갔어요.
왜 커피를 안 마셔요?	
왜 케이 팝(K-pop)을 좋아해요?	

듣고 말하기 Listening and speaking

1 다음은 여행 계획이에요. 이 사람의 여행 계획에 대해 말해 보세요.
Below are travel plans. Talk about this person's travel plans.

여행지		경주
교통수단		기차
여행 코스	첫째 날	유적지 구경하기 → 공연 보기
	둘째 날	경주시내 가기 → 박물관 관람하기

여행지		전주한옥마을
교통수단		고속버스
여행 코스	첫째 날	전주한옥마을 구경하기 → 한옥에서 묵기
	둘째 날	전주비빔밥 먹기 → 한복 입기

2 건우와 브루나의 대화예요. 잘 듣고 물음에 답해 보세요.
Listen to the conversation between Gunwoo and Bruna and answer to the questions.

50

(1) 브루나가 이용할 교통수단 정보로 맞는 것에 ✓표 해 보세요.
Choose the correct information about Bruna's transportation and mark with a check(✓).

① 교통수단: 기차 ☐ 고속버스 ☐
② 출발 시간: 오전 8시 ☐ 오후 2시 ☐
③ 자리: 창가 자리 ☐ 통로 자리 ☐

(2) 들은 내용과 같으면 ◯, 다르면 ✕로 표시해 보세요. Mark ◯ if it is true, ✕ if it is false.

① 브루나는 방학에 여행을 갈 거예요. (   )
② 주말에는 표가 빨리 매진돼요. (   )
③ 브루나는 왕복 표를 예매할 거예요. (   )

(3) 브루나는 왜 경주에 가 보고 싶었어요? Why did Bruna want to go to Gyeongju?

3 여러분의 여행 계획에 대해 이야기해 보세요.

Talk about your travel plans.

(1) 여러분은 1박 2일 동안 여행을 하면 어디를 여행하고 싶은지, 무엇을 하고 싶은지 써 보세요.
Write down where you want to go and what you want to do if you were to plan a two-day, one-night trip.

이름	여행지	교통수단	가고 싶은 이유	하고 싶은 일
제이슨	설악산	고속버스	단풍이 아름답다	첫째 날: 케이블카 타기, 사진 찍기 둘째 날: 해돋이 보기, 바다 구경하기
나				
친구 1 ________				
친구 2 ________				

(2) 친구들에게 여행 계획에 대해 물어보고 친구들의 대답을 위의 표에 써 보세요.
Ask your classmates about their travel plans and write their answers in the chart above.

A 어디에 갈 거예요?
B 가을에 단풍이 아름답기 때문에 설악산에 가려고 해요.
A 어떻게 갈 거예요?
B 고속버스로 가려고 해요.
A 거기에서 뭐 할 거예요?
B 첫째 날에는 케이블카를 탈 거예요. 그리고 사진도 찍을 거예요.
둘째 날에는 근처 바다에 가서 해돋이를 보고 바다를 구경할 거예요.

(3) 3~4명씩 모이세요. 여러분이 1박 2일 동안 여행하고 싶은 곳과 가는 방법, 할 일 등을 이유와 함께 이야기해 보고 써 보세요. In groups of three to four, talk about the destinations, transportation, activities, etc. for a two-day, one-night trip. Then write down your group's travel plan.

어디에 갈까요?

어떻게 갈까요?

거기에서 뭐 할까요?

* 여행지: ________
* 교통수단: ________
* 여행 코스
  첫째 날: ________
  둘째 날: ________

(4) 팀에서 세운 1박 2일 여행 계획에 대해 발표해 보세요. Present your group's travel plan to the class.

우리는 가을에 단풍이 아름답기 때문에 설악산에 가려고 합니다. 설악산에 고속버스를 타고 갈 겁니다. 첫째 날에는 설악산에서 케이블카를 탈 겁니다. …… 여러분도 가을에 설악산에 한번 가 보세요.

읽고 쓰기 Reading and writing

1 다음 사진을 보세요. 사람들이 어떤 교통수단을 이용하고 있는지 말해 보세요.
Look at the pictures. Talk about what kind of transportation people are using.

서울의 발, 버스와 지하철

서울은 대중교통이 편리하기 때문에 많은 사람들이 대중교통을 이용합니다. 서울의 대표적인 교통수단은 버스와 지하철입니다.

버스와 지하철은 노선이 많습니다. 지하철을 타면 서울 시내와 주변 도시에도 갈 수 있습니다. 버스도 서울의 전 지역을 다니는데 버스를 타면 지하철이 가지 않는 곳까지 갈 수 있습니다. 버스는 버스전용차로로 다니기 때문에 출퇴근 시간이나 길이 막힐 때에도 빨리 갈 수 있습니다.

(Ⓐ) 그리고 요금을 내는 방법도 참 편리합니다. 카드로 요금을 내면 할인도 되고 내린 후 30분 안에 다른 대중교통으로 갈아타면 무료입니다. 그런데 내릴 때 카드를 꼭 단말기에 찍어야 합니다.

서울에 오면 교통 때문에 불편하지는 않을 겁니다. 그리고 가고 싶은 곳에 편하게 갈 수 있을 겁니다. 여러분도 서울에 오면 이용해 보시기 바랍니다.

2 위의 글은 대중교통에 대한 내용이에요. 읽고 답해 보세요.
The passage above is about public transportation. Read and answer the questions.

(1) 서울의 버스와 지하철에 대한 설명으로 맞지 않는 것을 골라 보세요.
Choose the false statement about buses and subways in Seoul.

① 지하철로 서울과 가까운 도시도 갈 수 있습니다. ② 버스는 버스전용차로로 다녀서 빠릅니다.
③ 지하철에서 버스로 갈아탈 때 돈을 내야 합니다.

(2) 읽은 내용과 같으면 ○, 다르면 ×로 표시해 보세요.
Mark ○ if it is true, × if it is false.

① 서울의 대중교통은 복잡해서 불편합니다. (　　)
② 사람들은 버스와 지하철을 많이 이용합니다. (　　)
③ 요금을 카드로 내면 할인을 받을 수 있습니다. (　　)

(3) Ⓐ에 들어갈 문장으로 알맞은 것을 골라 보세요.
Choose the appropriate sentence for Ⓐ.

① 대중교통의 종류가 다양합니다. ② 대중교통은 타는 방법이 쉽습니다.
③ 대중교통의 요금이 비싸지 않습니다.

> **+ 더 알아보기**
>
> **N 때문에**
> 명사 뒤에 쓰여 어떤 일의 이유나 원인을 나타낼 때 사용된다.
> It is used after a noun to indicate the reason or cause of something.
>
> 예) 시험 때문에 스트레스를 받아요.
> 감기 때문에 학교에 안 갔어요.

3 여러분 고향의 대중교통을 소개하는 글을 써 보세요.

Write about the public transportation in your hometown.

(1) 다음 질문을 보고 메모해 보세요.
Write a note about the following questions.

고향의 대표적인 대중교통은 무엇입니까?	
사람들이 왜 그 대중교통을 자주 이용합니까?	
그 대중교통은 특징이 무엇입니까?	

(2) 위의 메모를 바탕으로 대중교통에 대한 글을 써 보세요.
Based on the notes above, write about public transportation.

준비하기

- 다음은 서울의 지도와 도로 위 버스의 모습이에요. 서울의 버스에는 무슨 색이 있을까요?
  Below are a map of Seoul and a picture of various buses in Seoul. What colors are the buses in Seoul?

알아보기

- 서울에는 파란색, 초록색, 노란색, 빨간색 버스가 있어요. 파란색 버스는 간선버스예요. 서울 전체는 여덟 개의 권역으로 나뉘는데, 간선버스는 먼 거리를 다니면서 권역과 권역을 연결하는 버스예요. 초록색 버스는 지선버스인데 짧은 거리를 다니면서 간선버스나 지하철로 갈아탈 수 있도록 연결해 줘요. 노란색 버스는 남산과 명동 등 특정 지역만 다니는 순환버스예요. 빨간색 버스는 서울과 경기도의 여러 지역을 빠르게 연결해 주는 광역버스예요.
  In Seoul, there are blue, green, yellow, and red buses. The blue buses are "trunk" buses. Seoul is divided into eight districts, and the trunk buses travel long distances to connect these districts. The green buses are "branch" buses, which cover shorter distances and provide connections to the trunk buses and subway lines. The yellow buses are "circular" buses that operate only in specific areas such as Namsan and Myeongdong. The red buses are "intercity" buses, which offer fast connections between various areas in Seoul and Gyeonggi Province.

간선버스

지선버스

순환버스

광역버스

생각해 보기

- 서울에서 무슨 색 버스를 타 본 적이 있는지 이야기해 보세요.
  Share your experiences of taking different color buses in Seoul.

- 여러분 나라의 특별한 교통수단에 대해 이야기해 보세요.
  Talk about unique modes of transportation in your country.

어휘와 표현 확인

Vocabulary and expressions check

의미를 아는 어휘나 표현에 ✓표 해 보세요.

Check(✓) the vocabulary or expressions that you know.

1 길이 많이 막히네요

- ☐ 버스 노선을 보다 — to check the bus route
- ☐ 단말기에 교통카드를 찍다 — to tap the transportation card on the card reader
- ☐ 자리를 양보하다 — to offer seat
- ☐ 손잡이를 잡다 — to hold the handle
- ☐ 벨을 누르다 — to press the bell
- ☐ 택시를 잡다 — to get a taxi
- ☐ 택시를 부르다 — to call a taxi
- ☐ 목적지를 말하다 — to tell the destination
- ☐ 택시 요금을 내다 — to pay the taxi fare
- ☐ 창밖 — outside the window
- ☐ 목소리 — voice
- ☐ 곧 — soon
- ☐ 끝 — end
- ☐ 신랑 — groom
- ☐ 신부 — bride
- ☐ 초등학교 — elementary school
- ☐ 귀엽다 — to be cute
- ☐ 앱 — app
- ☐ 입력하다 — to put, to enter
- ☐ 당황하다 — to be puzzled
- ☐ 다행이다 — That's a relief
- ☐ 방금 — just now, a moment ago
- ☐ 사고가 나다 — to have an accident
- ☐ 도로 — road
- ☐ 공사 중 — under construction
- ☐ 차가 밀리다 — to have a traffic jam
- ☐ 시내 — downtown
- ☐ 행사 — event
- ☐ 꼼짝도 안 하다 — to be completely stuck

2 시간이 30분밖에 안 걸려요?

- ☐ 편도 — one way
- ☐ 왕복 — round trip
- ☐ 일반실 — regular room
- ☐ 특실 — VIP room
- ☐ 창가 자리 — window seat
- ☐ 통로 자리 — aisle seat
- ☐ 순방향 — forward direction
- ☐ 역방향 — backward direction
- ☐ 케이티엑스(KTX) — KTX
- ☐ 배가 부르다 — to be full
- ☐ 내일모레 — the day after tomorrow
- ☐ 이틀 — two days
- ☐ 대학로 — Daehak-ro
- ☐ 금방 — quickly, soon

3 버스가 빠르기 때문에 많이 이용해요

- ☐ 경주 — Gyeongju
- ☐ 코스 — course
- ☐ 매진되다 — to be sold out
- ☐ 교통수단 — mode of transportation
- ☐ 케이블카 — cable car
- ☐ 설악산 — Mt. Sorak
- ☐ 단풍 — autumn foliage
- ☐ 전 지역 — all area
- ☐ 버스전용차로 — bus lane
- ☐ 출퇴근 — commute
- ☐ 참 — truly, so

12 단원 Unit

축하와 감사
Congratulations and thanks

1 마지막이라서 섭섭해
I feel sad because it is the last day

- 감정
  Vocabulary and expressions: Emotions
- A/V-아/어 (반말)
  Grammar: A/V-아/어(informal speech)
- 대인관계에 대해 듣고 말하기
  Listening and speaking about relationships

* 억양과 의미
  Pronunciation: Intonation and its meaning

2 힘내! 다 잘될 거야
Cheer up! Everything's going to be fine

- 축하, 위로
  Vocabulary and expressions: Congratulations and consolation
- V-아/어, V-자 (반말)
  Grammar: V-아/어, V-자 (informal speech)
- 축하, 위로에 대해 읽고 말하기
  Reading and speaking about congratulations and consolation

3 이번 학기도 즐거웠지요?
Was this semester enjoyable too?

- A/V-지요?
  Grammar: A/V-지요?
- 부탁, 거절에 대해 듣고 말하기
  Listening and speaking about requests and refusals
- 감사에 대한 글 읽고 쓰기
  Reading and writing about expressing gratitude

문화 | 정
Culture: Affection

1

2

3

다음 표현에 알맞은 사진을 찾아서 번호를 써 보세요.

Match the expressions with the pictures and write the number in the box.

- ☐ 우리가 응원할게요.
- ☐ 부탁을 거절했어요.
- ☐ 오늘이 2급 마지막 날이에요.

1 마지막이라서 섭섭해
I feel sad because it is the last one

어휘와 표현 Vocabulary and expressions

1 **다음은 사람들이 느끼는 감정이에요. 그림에 맞는 어휘를 소리 내서 읽어 보세요.**
The pictures illustrate people's feelings. Match the words with the pictures. Then read them aloud.

① 기뻐요	② 슬퍼요	③ 그리워요
④ 무서워요	⑤ 섭섭해요	⑥ 속상해요
⑦ 지루해요	⑧ 창피해요	⑨ 짜증(이) 나요

2 **위의 그림을 보면서 사람들의 감정이 어떤지 친구와 묻고 대답해 보세요.**
Look at the picture above. Ask and answer questions about how people feel.

기분이 어때요?

기뻐요.

문법 Grammar

1 대화를 듣고 다음 질문에 알맞은 답을 골라 보세요.
Listen to the conversations. Then choose the correct answer to each question.

51

(1) 누가 텔레비전을 보고 있어요?

① 동생 ② 엄마

(2) 브루나는 누구와 밥을 먹어요?

① 친구 ② 선생님

A/V-아/어 (반말)

A 밖에 날씨가 어때? 추워?
B 안 추워. 따뜻해.

A 이 모자 새로 샀어?
B 응. 어제 학교 앞에서 샀어.

A 선배, 오랜만이에요. 요즘 어떻게 지내요?
B 취직해서 지금 무역 회사에서 다녀.

A 이번 방학에 뭐 할 거야?
B 고향에 다녀올 거야.

반말은 친한 사람 또는 아랫사람에게 말할 때 사용한다. '-아/어'는 형용사, 동사, '이다'에 붙어 어떤 사실을 서술하거나 물을 때 쓴다. Informal speech is used to speak to close friends or people younger than you. -아/어 is attached to an adjective, a verb, or 이다 to describe or ask a question about a fact.

ㅏ, ㅗ + 아　　ㅏ, ㅗ 외의 모음 + 어　　하다 → 해
이다　받침 ○ → 이야, 받침 × → 야　　아니다 → 아니야

+ 더 알아보기

응, 아니
답할 때 쓰는 '네', '아니요'는 반말로 '응', '아니'로 말한다. 응, 아니 are informal expressions for 네, 아니요.

예) A 그동안 잘 지냈어?
B 응. 잘 지냈어.

A 밥 먹었어?
B 아니. 안 먹었어.

2 질문에 알맞은 대답을 찾아 써 보세요. 그리고 맞는지 들어 보세요.
Match the questions and answers. Then listen to check your answers.

52

(1) 지난주에 많이 바빴어? ⓒ
(2) 내일 저녁에 뭐 할 거야? ______
(3) 오늘이 브루나 생일이야? ______
(4) 너는 어떤 음식을 좋아해? ______
(5) 어제 본 영화는 재미있었어? ______

ⓐ 친구랑 운동할 거야.
ⓑ 오늘이 아니야. 내일이야.
ⓒ 응. 시험 준비 때문에 바빴어.
ⓓ 나는 달지 않은 음식을 좋아해.
ⓔ 아니. 영화가 너무 길고 지루했어.

3 사람들이 어제 한 일, 지금 하는 일, 내일 할 일에 대해 말해 보세요.

Ask and answer questions what people did yesterday, what they are doing now, and what they will do tomorrow.

	어제	지금	내일
상진	 (1) 동생이랑 농구하다	 (2) 저녁에 먹을 음식을 만들다	 (3) 집에서 쉬다
지유	 (4) 영화를 보다	 (5) 스키를 타러 가다	 (6) 친구하고 놀다

A 상진아, 어제 뭐 했어?

B 동생이랑 축구했어.

+ 더 알아보기

N아/야

친구 또는 아랫사람을 부를 때 사용한다. 보통 반말에 사용한다.

It is used to call a friend or younger person. It is usually used in informal speech.

예) 상진아, 지금 뭐 해?

지유야, 난 이 영화를 보고 싶어.

4 어제 무엇을 했고 내일 무엇을 할지 친구들과 묻고 대답해 보세요. 그리고 친구들의 대답을 써 보세요.

Ask your classmates what they did yesterday and what they will do tomorrow. Then write their answers in the chart.

A 건우야, 어제 수업 끝나고 뭐 했어?

B 집에서 음악을 들었어.

A 그럼 내일 수업 후에 뭐 할 거야?

B 책을 빌리러 도서관에 갈 거야.

이름	어제 수업 끝나고 뭐 했어?	내일 수업 후에 뭐 할 거야?
건우	집에서 음악을 들었어.	책을 빌리러 도서관에 갈 거야.

듣고 말하기 Listening and speaking

1 다음은 친구들의 모습이에요. 지금 기분이 어떤지 말해 보세요.
Look at the pictures. How do you think these people feel?

2 브루나와 제이슨의 대화예요. 잘 듣고 물음에 답해 보세요.
Listen to the conversation between Bruna and Jason and answer to the questions.

53

(1) 두 사람이 이번 학기에 한 일로 맞지 않는 것을 골라 보세요.
Choose the incorrect picture about Bruna and Jason.

①  ②  ③ 

(2) 제이슨에 대해 맞는 것을 골라 보세요. Choose the true statement about Jason.

① 이번 학기에는 공부가 어렵지 않고 재미있었어요.
② 이번 학기에 반 친구들과 같이 레아 결혼식에 갔어요.
③ 반 친구들과 헤어지는 것이 섭섭해서 어제 친구들과 같이 모였어요.

3 리카와 지유의 대화예요. 잘 듣고 물음에 답해 보세요.
Listen to the conversation between Rika and Jiyu and answer to the questions.

54

(1) 지유의 친구가 콘서트에 오지 않은 이유로 맞는 것을 골라 보세요.
Choose the reason why Jiyu's friend did not come to the concert.

① 그날 교통사고가 나서 ② 콘서트 날짜를 잊어버려서
③ 집에 어쩔 수 없는 일이 생겨서

(2) 들은 내용과 같으면 ○, 다르면 ×로 표시해 보세요. Mark ○ if it is true, × if it is false.

① 지유는 콘서트에 가기 전에 친구한테서 연락을 받았어요. ( )
② 지유는 친구 때문에 짜증이 났지만 지금은 괜찮아졌어요. ( )
③ 리카는 주말에 본 콘서트가 재미있어서 기분이 좋았어요. ( )

4 다음과 같이 기분이 좋지 않은 일에 대해 대화해 보세요.

Practice this conversation about unhappy feelings by using the words provided below.

제이슨 브루나, 수업 끝나고 같이 영화 볼래?
브루나 미안해. 오늘은 그냥 집에 갈래.
제이슨 그래? 그런데 왜 이렇게 힘이 없어? 어디 아파?
브루나 아니. 남자 친구 때문에 그래.
제이슨 왜? 무슨 일이 있어?
브루나 어제가 내 생일이었는데 남자 친구가 잊어버려서 너무 속상해.
제이슨 정말? 진짜 속상하겠네. 그래서 남자 친구한테 말했어?
브루나 아니. 아직 못 했어. 오늘 말해야 될 것 같아.

(1)	(2)	(3)	(4)
영화 보다	점심 먹다	놀러 가다	
남자 친구	친구	윗집 사람	
어제가 내 생일이었는데 남자 친구가 잊어버리다	친구한테 여행 가방을 빌려 줬는데 바퀴가 고장 나다	매일 밤늦게까지 큰 소리로 떠들다	
속상하다	짜증 나다	화가 나다	

발음 Pronunciation

1. 잘 듣고 맞는 것에 ✓표 해 보세요.

Listen carefully and check(✓) the box with the correct answer.

55

(1) □ 어디 아파요? ↘ □ 어디 아파요? ↗

(2) □ 뭐 찾아요? ↘ □ 뭐 찾아요? ↗

억양과 의미 Intonation and its meaning

어떤 일이나 상태에 대한 정보를 물을 때와 어떤 일을 하는지 여부를 물을 때 억양을 다르게 한다. Different intonations are used when asking for information about an event or condition and inquiring about whether someone is doing something.

A 어디 가요? ↘
B 편의점에 가요.

A 어디 가요? ↗
B 네. 일이 좀 있어서요.

2. 잘 듣고 따라 해 보세요.

Listen carefully and repeat the following sentences.

56

(1) A 뭐 마실까요?
B 네. 저기 카페에 가요.

(2) A 누가 왔어요?
B 샤니가 왔어요.

(3) A 누구 기다려?
B 응. 내일 봐.

(4) A 언제 만날까요?
B 토요일에 봐요.

2 힘내! 다 잘될 거야
Cheer up! Everything's going to be fine

어휘와 표현 Vocabulary and expressions

1 **다음은 축하할 일과 위로할 일이에요. 표현을 소리 내서 읽어 보세요.**
The pictures illustrate various situations for celebrations and consolations. Read the expressions aloud.

축하해요

① 1등을 했어요 ☐

② 경기에서 이겼어요 ☐

③ 직장에서 승진했어요 ☐

④ 시험에 붙었어요/합격했어요 ☐

위로해요

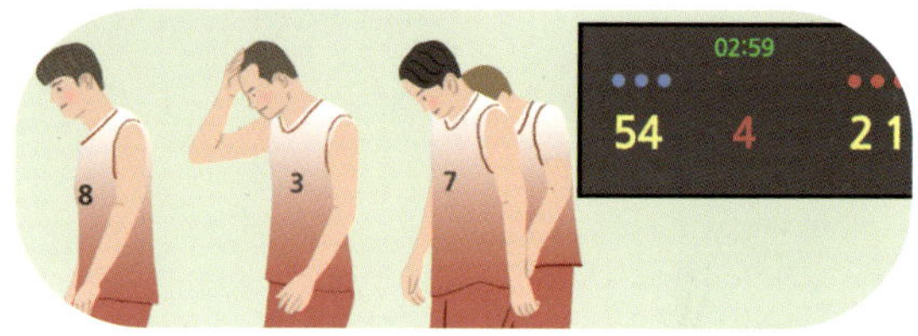

⑤ 경기에서 졌어요 ☐

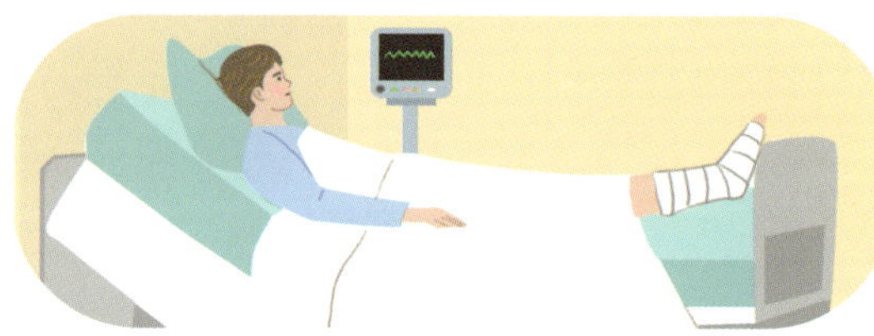

⑥ 병원에 입원했어요 ☐

⑦ 남자/여자 친구하고 헤어졌어요 ☐

⑧ 시험에 떨어졌어요/불합격했어요 ☐

2 **위의 그림에서 여러분에게 작년에 있었던 일을 골라 ✓표 해 보세요. 그리고 여러분에게 있었던 일에 대해 친구와 묻고 대답해 보세요.** Choose the events you experienced last year from the pictures above and check(✓) the boxes. Then ask and answer questions about them.

작년에 무슨 일이 있었어요?

시험에서 1등을 했어요.

문법 Grammar

1 다음을 듣고 대화를 읽어 보세요. 브루나는 오늘 무엇을 할 거예요?
Listen and read the conversation. What is Bruna going to do today?

57

V-아/어, V-자 (반말)

A 조금만 기다려. 금방 갈게.
B 응. 알겠어. 조심히 와.

A 우리 어디에서 사진을 찍을까?
B 저기 나무 아래에서 찍자.

A 이거 비밀이니까 다른 사람한테 말하지 마.
B 알겠어. 걱정하지 마.

A 오늘 등산할 수 있을까?
B 눈이 많이 오니까 가지 말자.

'-아/어, -자'는 모두 반말로, '-아/어'는 동사에 붙어 어떤 행동을 할 것을 명령할 때 사용하며 부정형은 '-지 마'이다. 그리고 '-자'는 동사에 붙어 어떤 행동을 할 것을 제안, 요청할 때 사용하며 부정형은 '-지 말자'이다. -아/어, -자 are used in informal speech. -아/어 is attached to a verb to order an action, and its negative form is -지 마. -자 is attached to a verb to suggest and request an action, and its negative form is -지 말자.

ㅏ, ㅗ + 아　　　ㅏ, ㅗ 외의 모음 + 어　　　하다 → 해

2 질문에 알맞은 대답을 찾아 써 보세요. 그리고 맞는지 들어 보세요.
Match the questions and answers. Then listen to check your answers.

58

(1) 우리 택시 타고 갈까? ⓔ
(2) 언니, 오늘 내가 이 치마 입어도 돼? ______
(3) 리카 생일 선물로 이 가방을 사는 게 어때? ______
(4) 벌써 저녁 8시가 넘었는데 배고프지 않아? ______
(5) 뭐 먹고 싶어? 먹고 싶은 아이스크림 골라 봐. ______

ⓐ 배고파. 우리 뭐 좀 먹자.
ⓑ 아니. 입지 마. 내가 입을 거야.
ⓒ 나는 초콜릿 아이스크림 먹을래.
ⓓ 가방은 예쁜데 너무 비싸. 다른 걸 사자.
ⓔ 저기에서 버스 타면 바로 가니까 버스 타자.

3 사람들의 대화를 반말로 바꿔서 말해 보세요.

Change these conversations into informal speech.

(1)

(2)

(3)

(4)

(5)

(6)

A 타나펀, 방학 잘 보내.
B 응. 우리 다음 학기에 보자.

4 방학 계획에 대해 친구들과 묻고 대답해 보세요. 친구에게 자신이 할 것을 약속하고 친구가 할 일을 부탁해 보세요. 그리고 서로 말한 내용을 써 보세요.

Make vacation plans with your classmates. Tell them what you will do and ask them about tasks that they will do. Then write the discussed vacation plans in the chart.

A 제이슨, 우리 방학에 뭐 할까?
B 부산에 가자.
A 좋아. 그럼 내가 교통편을 알아볼게. 네가 숙소를 예약해 줘.

이름	계획	약속과 부탁
제이슨	부산에 가자.	내가 교통편을 알아볼게. 네가 숙소를 예약해 줘.

읽고 말하기 Reading and speaking

1 다음 그림을 보세요. 다니엘이 왜 기분이 좋은지 말해 보세요.
Look at the picture. Why is Daniel feeling happy?

다니엘, 승진 축하해

승진 정말 축하해. 이번 학기에 레아도 결혼하고, 너도 승진하고 좋은 일만 있네. - 타나펀

나, 올가야. 다니엘, 넌 정말 멋있어. 승진 축하해. 계속 응원할게, 파이팅! - 올가

회사 일도 열심히 하고 공부도 잘하는 다니엘, 축하해. - 레아

나 샤오동이야. 정말 축하해. 우리 다 같이 모이자. 꼭 축하 파티 하자. 시간 될 때 연락해.

축하해. 공부도, 일도 열심히 하는 네가 정말 멋져. 다니엘, 네가 내 친구라서 정말 자랑스러워. - 건우

승진 축하해. 그리고 우리 모여서 축하 파티를 하자. 샤니

다니엘, 부러워. 승진했으니까 한턱내. 우리 다음 주쯤 만나자. - 제이슨

안녕? 나 리카야. 친구들한테서 승진 소식 듣고 정말 기뻤어. 우리 파티도 하고 기념사진도 찍자.

2 위의 글은 다니엘의 승진 축하에 대한 내용이에요. 읽고 답해 보세요.
The passage above is about celebrating Daniel's promotion. Read and answer the questions.

(1) 친구들이 다니엘과 하고 싶은 것으로 맞지 않는 것을 골라 보세요.
Choose the incorrect picture of what Daniel's friends want to do with Daniel.

① 

② 

③ 

(2) 읽은 내용과 같으면 ○, 다르면 ×로 표시해 보세요.
Mark ○ if it is true, × if it is false.

① 제이슨과 샤오동은 다니엘에게 맛있는 음식을 사 주기로 했습니다. (　　)
② 건우는 공부와 회사 일을 둘 다 잘하는 다니엘이 자랑스럽습니다. (　　)
③ 리카는 다니엘의 승진 소식을 다니엘에게서 직접 들었습니다. (　　)

3 역할극을 해 보세요.

Do a roleplay.

(1) 샤니와 타나펀이 좋지 않은 일에 대해 이야기하고 있어요. 여러분이 샤니와 타나펀이 되어 대화해 보세요.

Shani and Thanaporn are talking about bad news. Roleplay as Shani and Thanaporn.

샤니

타나펀의 얼굴이 안 좋아요. 무슨 일이 있는지 묻고 타나펀을 위로해 주세요.

Thanaporn seems unhappy. Ask her what happened and offer consolation.

타나펀

대학교 입학시험 결과에 대해 말하고 앞으로의 계획에 대한 샤니의 질문에 대답해 보세요.

Tell Shani about your college entrance exam result and answer her questions about your future plans.

무슨 일이 있어? → 괜찮아? → 어떻게 할 거야?

기능 표현 위로하기 Consoling

다음에는 잘될 거야. 너무 실망하지 마. /
너무 속상해하지 마. 다음에 잘하면 돼. /
기분 나빠 하지 마. 기회가 또 있을 거야.

샤니	타나펀, 얼굴이 왜 그래? 무슨 일 있어?
타나펀	대학교 입학시험 결과가 나왔는데 나 떨어졌어.
샤니	그래? 너 괜찮아?
타나펀	너무 힘들고 속상해. 내가 진짜 가고 싶은 학교였는데…….
샤니	다음에는 잘될 거야. 너무 실망하지 마. 그런데 앞으로 어떻게 할 거야?
타나펀	더 공부해서 내년에 다시 지원할 거야.
샤니	나도 내년에 지원할 거야. 우리 열심히 공부해서 내년에 꼭 같이 합격하자. 힘내.
타나펀	응. 고마워.

(2) 여러분이 친구의 좋지 않은 일에 대해 위로하는 대화를 해 보세요.

Have a conversation comforting your friends when something bad happened to them.

3 이번 학기도 즐거웠지요?
Was this semester enjoyable too?

문법 Grammar

1 다음을 읽어 보세요. 2급 수업은 어땠어요?
Read the following. How was the second-level class?

여러분, 2급이 끝났어요. 2급 공부가 힘들었지만 재미있었지요? 그동안 수고 많았어요. 다음 학기도 열심히 공부하세요. 방학 잘 보내세요.

A/V-지요?

A 이 식당이 좀 비싸지요?
B 네. 좀 비싼데 음식이 다 맛있어요.

A 방학에 고향에 돌아갈 거지요?
B 글쎄요. 아직 모르겠어요.

A 제이슨 씨는 미국에서 왔지요?
B 네. 시애틀에서 왔어요.

A 오늘이 수요일이지요?
B 아니요. 목요일이에요.

'-지요?'는 형용사, 동사, '이다'에 붙어 말하는 사람이 어떠한 사실을 듣는 사람도 알고 있다고 생각하고 다시 확인하면서 질문할 때 사용한다.
-지요? is attached to an adjective, a verb or 이다 to indicate that the speaker believes the listener knows a certain fact and wants to confirm it while asking a question.

2 질문에 알맞은 대답을 찾아 써 보세요. 그리고 맞는지 들어 보세요.
Match the questions and answers. Then listen to check your answers. 59

(1) 지금 밖에 비가 오지? ⓔ
(2) 집이 학교에서 가깝지요? ______
(3) 건우는 지금 부산에 살지요? ______
(4) 여보세요. 거기 여행사지요? ______
(5) 이번 토요일에 등산 갈 거지? ______

ⓐ 네. 이화여행사입니다.
ⓑ 아니요. 서울에 살고 있어요.
ⓒ 네. 걸어서 5분밖에 안 걸려요.
ⓓ 그럼. 등산 가려고 등산화도 샀어.
ⓔ 아니. 아까는 왔는데 지금은 안 와.

3 다음을 보고 '-지요?'를 사용해서 빈칸에 써 보세요.

Look at the following pictures and write in the blanks using –지요?.

(1) 

A 이 모자, 브루나 씨 거 맞지요?

B 네. 제 거 맞아요.

(2) 

A 김치가 어때요? 좀 ______________________?

B 네. 저한테는 좀 맵네요.

(3) 

A 이 사람이 타나펀 씨 ______________________?

B 네. 우리 언니예요.

(4) 

A 이번 학기가 다음 주에 ______________________?

B 아니요. 이번 주 금요일에 끝나요.

(5) 

A 다니엘 씨, 지난 학기부터 여기에서 한국어를 ______________________?

B 네. 1급부터 여기에서 공부했어요.

4 친구와 서로에 대해 묻고 대답해 보세요. 그리고 묻고 답한 내용을 써 보세요.

Ask questions to get to know about your partner. Then write your questions and his/her answers.

리카 씨, 일본 사람이지요?

네. 저는 일본에서 왔어요.

지금 기숙사에서 살고 있지요?

네. 그런데 다음 학기에 원룸으로 이사해요.

이름	질문	대답
리카	일본 사람이지요?	네. 일본에서 왔어요.
	지금 기숙사에서 살고 있지요?	네. 그런데 다음 주에 원룸으로 이사해요.

듣고 말하기 Listening and speaking

1 **다음은 다른 사람에게 부탁을 받고 도움을 주는 모습이에요. 무엇을 부탁받은 것 같은지 말해 보세요.**

Look at the pictures. What kind of help are these people giving their friends?

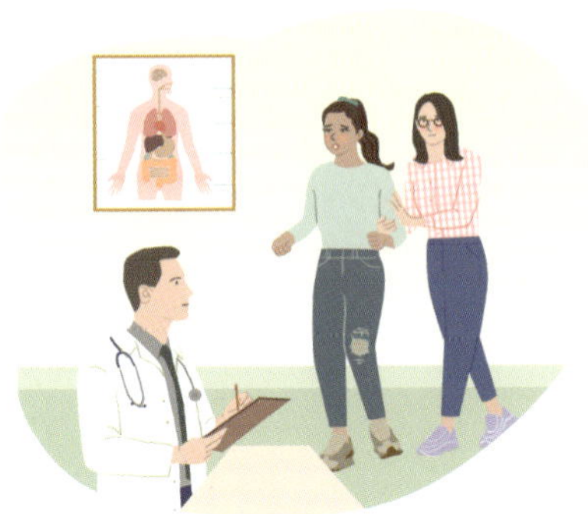

2 **건우와 리카의 대화예요. 잘 듣고 물음에 답해 보세요.** 60

Listen to the conversation between Gunwoo and Rika and answer the questions.

(1) 리카는 왜 학교를 결석했어요?

Why was Rika absent from school?

____

(2) 들은 내용과 같으면 ○, 다르면 ×로 표시해 보세요.

Mark ○ if it is true, × if it is false.

① 리카가 건우에게 전화했지만 건우는 받지 못했어요. (　　)

② 건우는 리카에게 부탁이 있어서 전화했어요. (　　)

③ 리카는 4일 동안 학교에 못 갔어요. (　　)

(3) 내일 수업 후에 할 일로 맞는 것을 골라 보세요.

Choose the true statement about things to do after tomorrow's class.

① 건우는 리카의 공부를 도와줄 거예요.

② 건우는 리카에게 저녁을 사 줄 거예요.

③ 리카와 건우는 도서관에 가서 공부할 거예요.

3 여러분이 다른 사람에게 부탁하고 싶은 것에 대해 이야기해 보세요.

Talk about what you would like to ask someone else.

(1) 4~5명씩 모이세요. 그리고 그 팀을 다시 두 그룹으로 나누세요. 다른 그룹에 있는 친구들의 특징을 생각해서 그 친구에게 부탁하고 싶은 것을 의논해 두 개 이상 써 보세요. Form a group of four to five people. And split into two smaller groups. Think about the characteristics of your classmates in the other group and discuss two or more things you would like to ask them to do.

질문 / 이름	친구는 어떤 특징이 있어요?	뭘 부탁하고 싶어요?	왜 부탁하고 싶어요?
레아	요리를 잘해요. 한국 친구가 많아요.	요리를 배우고 싶어요. 한국 친구를 소개 받고 싶어요.	친구들한테 만들어 주고 싶어요. 한국말 연습을 하고 싶어요.
______			
______			

(2) 4~5명이 다시 모이세요. 다른 그룹 친구들과 부탁하고 싶은 것에 대해 묻고 대답해 보세요. 부탁 받은 것과 그에 대한 대답을 써 보세요. Form a new group of four to five people. Ask and answer about what you would like to request to members in other group based on the information in (1). Then, write what you are asked to do and your answers in the chart.

부탁 받은 것	대답
요리를 가르쳐 주세요.	○
한국 친구를 소개해 주세요.	×

A 레아 씨는 요리를 잘하지요?
B 네. 요리를 자주 해서 잘 만들어요.
A 친구가 올 때 요리를 해 주고 싶은데 가르쳐 줄 수 있어요?
B 네. 가르쳐 줄게요.

(3) 팀에서 이야기한 부탁 중 들어주기로 한 부탁에 대해 발표해 보세요.
Present the request that you agreed to fulfill.

저는 샤니와 리카의 부탁을 들어주기로 했습니다. 샤니와 리카는 요리를 잘 못합니다. 그래서 저는 샤니와 리카에게 요리를 가르쳐 주기로 했습니다. …… 저는 샤니와 리카의 부탁을 들어줄 수 있어서 기쁩니다.

읽고 쓰기 Reading and writing

1 다음 그림을 보세요. 다니엘이 상진과 어떤 일이 있었는지 말해 보세요.
Look at the picture. What happened to Daniel and Sangjin?

보낸 사람: “다니엘”<daniel@deutsch.co>
받는 사람: “이상진”<sangjin@deutsch.co>
제목: 다니엘이에요.

이상진 씨에게

Ⓐ 직접 만나서 인사하고 싶었는데 못 보게 돼서 섭섭해요. 한국에서 근무하는 동안 저를 가장 많이 도와준 사람이 상진 씨였어요. 제가 부장님 말을 이해 못 해서 회의실도 잘못 알고, 회의 자료도 잘못 만든 거 기억나지요? 그때 상진 씨가 늦게까지 남아서 회의 자료를 같이 만들어 줘서 고마웠어요.
Ⓑ 안녕하세요? 다니엘이에요. 상진 씨, 미국 출장에서 다음 주 금요일에 돌아올 거지요? 제가 갑자기 독일 본사로 돌아가게 돼서 이메일을 보내요. 이번 주에 독일로 가야 해요.
Ⓒ 그런데 상진 씨가 지난번에 저한테 “같이 일본 출장 갈 수 있어요?”라고 물어봤을 때 거절해서 미안했어요. 사실은 독일에 돌아갈 것 같아서 그런 거예요. 상진 씨, 독일에 오면 꼭 연락 주세요. 건강하게 잘 지내요.

다니엘 드림

2 위의 글은 다니엘의 이메일이에요. 읽고 답해 보세요.
The passage above is Daniel’s email. Read and answer the questions.

(1) 상진은 다니엘에게 어떤 도움을 주었는지 맞는 것을 골라 보세요.
Choose the correct statement about the type of help Sangin gave to Daniel.

① 다니엘과 같이 회의 자료를 만들어 주었습니다.
② 다니엘이 잘못 예약한 회의실을 다시 예약해 주었습니다.
③ 다니엘이 부장님 말을 이해 못 했을 때 설명해 주었습니다.

(2) 읽은 내용과 같으면 ○, 다르면 ×로 표시해 보세요. Mark ○ if it is true, × if it is false.

① 다니엘은 이번 주에 독일로 돌아갈 겁니다. ( )
② 상진은 지금 미국에 있는 회사에 다닙니다. ( )
③ 두 사람은 일본 출장을 같이 다녀왔습니다. ( )

(3) 단락의 순서로 알맞은 것을 골라 보세요. Choose the correct order of the passage.

① Ⓐ - Ⓒ - Ⓑ　　② Ⓑ - Ⓐ - Ⓒ　　③ Ⓒ - Ⓑ - Ⓐ

3 여러분이 한국에서 살면서 고마웠던 사람에게 이메일을 써 보세요.

Write an email to someone you were grateful to while living in Korea.

(1) 다음 질문을 보고 메모해 보세요.

Write a note about the following questions.

고마운 사람이 누구예요?

언제, 어떤 일이 있었어요?

그 사람이 어떻게 도와줬어요?

(2) 위의 메모를 바탕으로 고마운 사람에게 이메일을 써 보세요.

Based on the notes above, write an email to someone you are grateful to.

보낸 사람: __________

받는 사람: __________

제목: __________

__________ 에게

__________ 드림

문화 Culture | 정 Affection

준비하기

- 다음은 오랫동안 같이 지내던 두 사람이 헤어지는 모습이에요. 두 사람은 서로 어떤 감정일까요?
  Olga is saying goodbye to her longtime roommate. How would they feel about each other?

알아보기

- 정은 오랫동안 시간을 같이 보내면서 상대방이 나에게 베풀어 주는 따뜻하고 친근한 마음을 말해요. 처음 만났을 때는 서로를 위하는 마음이 없었는데 같이 지내면서 정이 생기고 이런 마음이 깊어졌을 때 정이 들었다고 해요.
  정(affection) refers to the warm and friendly feeling that the other person shows me over time spent together. When we first meet, there is no sense of mutual care. However, as we spend time together and become closer, we form a bond that is called "정이 들다(felt attached)."

생각해 보기

- 정이 뭐라고 생각하는지, 정을 느꼈던 경험이 있는지, 언제 느꼈는지 서로 이야기해 보세요. Share with each other what you think 정(affection) is, whether you have experienced affection, and when you felt it.
- 여러분 나라에는 정과 같은 감정을 나타내는 표현이 있는지, 있다면 어떤 표현인지 이야기해 보세요.
  Discuss whether there is an expression in your country that represent emotions like 정(affection). If yes, share what that expression is.

어휘와 표현 확인
Vocabulary and expressions check

의미를 아는 어휘나 표현에 √표 해 보세요.
Check(√) the vocabulary or expressions that you know.

1 마지막이라서 섭섭해

- □ 기쁘다 to be glad
- □ 슬프다 to be sad
- □ 그립다 to miss
- □ 무섭다 to be scared
- □ 섭섭하다 to be disappointed
- □ 속상하다 to be sad
- □ 지루하다 to be bored
- □ 창피하다 to be ashamed of
- □ 짜증(이) 나다 to be irritated
- □ 잊어버리다 to forget
- □ 교통사고가 나다 A car accident occurs
- □ 어쩔 수 없다 It can't be helped
- □ 사과를 하다 to apologize
- □ 바퀴 wheel

2 힘내! 다 잘될 거야

- □ 축하하다 to congratulate
- □ 1등을 하다 to take first place
- □ 경기에서 이기다 to win a competition
- □ 직장에서 승진하다 to get promoted at work
- □ 시험에 붙다/합격하다 to pass an exam
- □ 위로하다 to comfort
- □ 경기에서 지다 to lose at a competition
- □ 병원에 입원하다 to be hospitalized
- □ 남자/여자 친구하고 헤어지다 to break up with a boy/girl friend
- □ 시험에 떨어지다/불합격하다 to fail an exam
- □ 조심히 carefully
- □ 비밀 secret
- □ 면접을 보다 to have an interview
- □ 교통편 transportation
- □ 자랑스럽다 to be proud
- □ 부럽다 to envy
- □ 한턱내다 to treat
- □ 응원하다 to cheer up
- □ 파이팅 You can do it
- □ 기념사진 commemorative photo
- □ 결과 result
- □ 잘되다 to go well
- □ 실망하다 to become disappointed
- □ 힘내다 to cheer up

3 이번 학기도 즐거웠지요?

- □ 수고가 많다 Thank you for your hard efforts / Thank you for working hard
- □ 등산화 hiking boots
- □ 결석하다 to be absent
- □ 부탁을 들어주다 to do a favor
- □ 근무하다 to work
- □ 회의실 meeting room
- □ 남다 to be left
- □ 갑자기 suddenly
- □ 본사 headquarter
- □ 거절하다 to refuse

Appendix
부록

활동지
Activity sheets

문화 해설
Cultural notes

듣기 지문 및 정답
Listening script and answers

찾아보기
Index

7단원 | 쇼핑 Shopping

3 **학생 A와 학생 B가 되어 다음 주에 있는 축제에서 누가, 무엇을 할 건지 말해 보세요. 그리고 빈칸에 그 일을 할 사람의 이름을 써 보세요.** With student A, ask and answer questions about the festival activities for next week. Then fill in the blanks with the names of the people in charge of each activity.

학생 A p.24 >

학생 B

A 축제 때 노래를 부를 사람이 누구예요?

B 노래를 부를 사람은 제이슨이에요.

8단원 | 초대와 방문 Invitations and visits

3 학생 A와 학생 B가 되어 친구와 같이 하고 싶은 것을 제안하고 약속을 정해서 써 보세요.

Suggest what you want to do with to the student A, make an appointment, and note it down in the following scheduler.

학생 A p.44 >

학생 B (5) 등산을 하다 (6) 자전거를 타다 (7) 놀이공원에 가다 (8) 도서관에서 공부하다

	일요일	월요일	화요일	수요일	목요일	금요일	토요일
이번 주			머리를 자르러 가다		친구와 만나다	영화를 보기로 했어요.	
다음 주						반 모임을 하다	

A 샤니 씨, 이번 주 화요일에 같이 영화를 볼까요?

B 미안해요. 그날 머리를 자르러 가기로 했어요. 그럼 이번 주 금요일은 어때요?

A 좋아요. 이번 주 금요일에 영화를 보기로 해요.

3 **학생 A와 학생 B가 되어 다음 질문에 대해 묻고 대답해 보세요. 그리고 대답 칸에 알맞게 쓰고 □에 ✓ 표 해 보세요.** Ask and answer the following questions with Student A. Then, write down his/her answers and mark your opinions for them with a check(✓) in the chart.

학생 A p.109 >

학생 B

	질문	대답	생각
(1)	한국 친구가 몇 명 있어요?	네 명	☑ 많다 □ 적다
(2)	한 달에 책을 몇 권 읽어요?	________	□ 많다 □ 적다
(3)	일주일에 빨래를 몇 번 해요?	두 번	□ 많다 ☑ 적다
(4)	하루에 커피를 몇 잔 마셔요?	________	□ 많다 □ 적다
(5)	한 달에 생활비를 얼마나 써요?	50만 원	☑ 많다 □ 적다
(6)	일주일에 친구를 몇 번 만나요?	________	□ 많다 □ 적다
(7)	하루에 한국어를 몇 시간 공부해요?	30분	□ 많다 ☑ 적다
(8)	서울에서 제주도까지 비행기로 얼마나 걸려요?	________	□ 많다 □ 적다

A 한국 친구가 몇 명 있어요?

B 한국 친구가 네 명이나 있어요.

문화 해설
Cultural notes

7단원 | 재래시장 Traditional market

p.38 >

Q **광장시장과 노량진수산시장은 어떻게 생기게 되었어요?**
How did Gwangjang Market and Noryangjin Fish Market originate?

A 지금의 광장시장이 있는 종로 4가와 예지동 일대에는 조선 후기 서울의 3대 시장 중 하나였던 배오개시장이 있었어요. 그 후 배오개(지금의 예지동)에 있던 시장 이름이 동대문시장으로 정해졌지만 1960년대 이후에는 광장시장으로 불리게 되어 현재까지 이어져 오게 되었어요. 광장시장은 100년이 넘는 역사와 전통을 가지고 있는 서울의 대표적인 재래시장이에요. 노량진수산시장은 노량진에 있는데, 조선 시대에는 노량진을 노들나루라고 불렀어요. 노들나루는 한강을 오가는 여러 나루터 중에 하나였는데 과거에는 그곳에 서해에서 한강으로 오는 배가 많아서 거기에 수산 시장이 생기게 되었어요. 지금의 노량진수산시장은 과거와 달리 현대적인 모습으로 많이 바뀌었어요.

There was the Baeogae Market, one of the three major markets in Seoul during the late Joseon Dynasty, located in Jongno 4-ga and Yeji-dong, where the present-day Gwangjang Market stands. Later, the market in Baeogae (now Yeji-dong) was renamed Dongdaemun Market, and in the 1960s, it became known as Gwangjang Market, a name that has persisted to this day. With a rich history and tradition spanning over 100 years, Gwangjang Market stands as one of Seoul's representative traditional markets. Noryangjin Fish Market is situated in Noryangjin, formerly known as Nodeulnaru during the Joseon Dynasty. Nodeulnaru served as a ferry dock along the Han River, facilitating the arrival of numerous ships from the Yellow Sea. This led to the establishment of a fish market in the area. Over time, Noryangjin Fish Market has undergone significant renovations, now boasting a modern appearance.

8단원 | 방문 선물 Visiting gifts

p.58 >

Q **개업한 사람에게 왜 화분을 선물해요?**
Why do you give a potted plant or potted flower to someone who is opening a new store?

A 이제 막 꽃이 피려고 하는 화분을 선물하는 데에는 새로운 사업이 이 화분처럼 곧 피어나라고 기원하는 의미가 담겨 있어요. 식물이 자라고 꽃을 피우기까지 많은 노력이 필요한 것처럼 그 사람이 새 사업을 시작하기까지 겪은 수고와 고통을 잘 알고 응원한다는 의미가 있어요.

When Korean people gift a potted plant on the verge of blooming, it carries the meaning of wishing for the new venture to blossom soon, just like this plant. It also signifies that I am well aware of and support the hard work and challenges the person has faced until starting the new business similar to the effort required for a plant to grow and bloom.

Q **다른 사람의 집을 방문할 때 왜 휴지나 세제를 선물해요?**
Why do you bring toilet paper or detergent as gifts when visiting someone's home?

A 두루마리 휴지는 잘 풀리는 휴지처럼 모든 일이 잘 풀리기를 바란다는 의미가 있고, 세제는 세제의 거품처럼 돈을 많이 벌어서 부자가 되라는 의미가 있어요. 그리고 모두 일상생활에 사용하는 물건들이기 때문에 실용적이면서도 오래 쓸 수 있는 물건이어서 많이 선물해요.

Toilet paper, like how it easily unravels, symbolizes the wish for everything to smoothly resolve, while detergent represents the desire to earn a lot of money and become wealthy, just like the foam created by the detergent. Additionally, since both are everyday items used in daily life, they are practical and long-lasting, which is why they are often given as gifts.

9단원 | 인삼 Ginseng

p.78 >

Q **한국의 인삼은 왜 유명해요?**
Why is Korean ginseng famous?

A 인삼은 세계적으로 알려진 한국의 특산물이에요. 그 이유는 인삼의 가장 중요한 성분인 사포닌이 한국 인삼에 가장 많기 때문이에요. 인삼은 고려 시대(918년-1392년)에 아라비아, 동남아시아, 중국 등과의 중요한 무역 상품이었어요. 그래서 지금까지도 한국의 인삼을 '고려 인삼'이라고 부르기도 해요. 그런데 인삼의 모습을 자세히 보면 사람의 모습과 비슷해요. '인삼'이라는 이름도 모양이 사람과 닮아서 붙여졌어요. 인삼의 종류에는 '산삼', '수삼', '홍삼' 등이 있어요. '산삼'은 깊은 산 속에서 자란 것이고, '수삼'은 사람들이 밭에서 재배한 것이에요. '홍삼'은 수삼을 쪄서 말린 것인데 맛도 좋고 보관하기도 편해서 인기가 많아요.

Ginseng is a globally renowned specialty of Korea. The reason is that Korean ginseng contains the highest concentration of saponin, the most important component of ginseng. During the Goryeo Dynasty (918-1392), ginseng was an important trading commodity with Arabia, Southeast Asia, and China. That's why Korean ginseng is still referred to as "Goryeo ginseng." Notably, the shape of ginseng closely resembles that of a human figure, which inspired its name. There are various types of ginseng, including "sangsam" (wild ginseng), "susam" (cultivated ginseng), and "hongsam" (red ginseng). Sangsam grows deep in the mountains, susam is cultivated in fields, and hongsam is made by steaming and drying susam. Hongsam is highly popular due to its pleasant taste and easy storage.

10단원 | 오곡밥과 팥죽 Five grain rice and red bean porridge

p.98 >

Q **정월대보름과 동지는 어떤 날이에요? 그리고 그날 어떤 음식을 먹나요?**
What days are Jeongwoldaeboreum and Dongji? And what kind of food is eaten on those days?

A 한국의 명절 중에 정월대보름과 동지가 있는데요. 정월대보름은 한 해의 첫 번째 보름달이 뜨는 날로 음력 1월 15일이에요. 이날은 아침에 땅콩, 호두, 밤 등의 부럼을 먹어요. 부럼의 딱딱한 껍질을 깨뜨려 먹으면 일 년 내내 피부병이 생기지 않는다고 믿었어요. 정월대보름 전날 저녁에는 다섯 가지 곡식으로 지은 오곡밥과 각종 나물을 먹어요. 이 나물은 지난 가을부터 정성껏 손질해서 말린 나물인데요. 채소와 과일이 풍부하지 못했던 시절에 말린 나물은 겨울에 부족한 영양분의 섭취를 도왔다고 해요. 동지는 일 년 중 밤이 가장 긴 날로 보통 양력 12월 22일이에요. 이날은 붉은 팥으로 죽을 만들고 여기에 찹쌀로 만든 새알심을 넣어 먹어요. 예로부터 한국 사람들은 동지에 붉은 팥죽을 먹어야 1년 동안 질병이나 나쁜 기운을 몰아낼 수 있다고 믿었어요.

In Korea, among the traditional holidays, there are Jeongwoldaeboreum and Dongji. Jeongwoldaeboreum is the day when the first full moon of the lunar year appears, which falls on the 15th day of the first lunar month. On this day, in the morning, we eat various nuts such as peanuts, walnuts, and chestnuts. It is believed that breaking and eating the hard shells of these nuts prevents skin diseases throughout the year. On the evening before Jeongwoldaeboreum, we have five-grain rice cooked with a variety of vegetables and dried side dishes. These dried side dishes have been carefully prepared and dried since the previous autumn. In times when vegetables and fruits were scarce, dried side dishes helped supplement the lacking nutrients during winter.

Dongji, on the other hand, is the day with the longest night of the year, usually on December 22nd in the Gregorian calendar. On this day, we make red bean porridge and add glutinous rice cake balls known as "Saealssim." It has been believed since ancient times that eating red bean porridge on Dongji can ward off illnesses and bad energy for the entire year.

11단원 | 서울의 버스 Buses in Seoul

p.118 >

Q **서울의 버스 번호에는 어떤 의미가 있을까요?**
What do the bus numbers in Seoul mean?

A 간선버스의 버스 번호는 세 자리이고 지선버스와 광역버스는 네 자리예요. 그리고 순환버스는 버스 번호가 두 자리예요. 서울 버스 노선의 권역은 0번 권역부터 7번 권역까지 총 여덟 개로 나뉘는데, 버스 번호는 이 여덟 개의 권역 번호로 구성돼요. 버스 번호의 첫 번째 숫자는 출발 지역의 권역 번호, 두 번째 숫자는 도착 지역의 권역 번호 그리고 마지막 한두 자리 숫자는 일련번호를 의미해요. 예를 들어, 7611번 버스는 7번 권역(마포, 서대문, 은평)에서 6번 권역(영등포, 양천, 구로, 강서)로 가는 11번 버스예요. 버스 번호를 읽을 때에는 '칠육일일' 또는 '칠천육백십일'이라고 읽으면 돼요.

The bus numbers for trunk buses have three digits, while branch buses and red intercity buses have four digits. Circular buses have two-digit bus numbers. Seoul bus routes are divided into eight zones, ranging from Zone 0 to Zone 7, and bus numbers are composed of these eight zone numbers. The first digit of the bus number represents the departure zone, the second digit represents the arrival zone, and the last one or two digits represent the sequence number. For example, bus number 7611 travels from Zone 7 (Mapo, Seodaemun, Eunpyeong) to Zone 6 (Yeongdeungpo, Yangcheon, Guro, Gangseo). When reading the bus number, you can say 'seven-six-one-one' or 'seven thousand six hundred eleven'.

12단원 | 정 Affection

p.138 >

Q **정은 뭘 말할까요?**
What does 정 mean?

A 정은 어떤 사람과 오랫동안 시간을 같이 보내면서 그 사람에게 느끼는 따뜻하고 친근한 마음을 말해요. 보통 상대방이 내가 어렵고 힘들 때 나를 위해 베풀어 주는 따뜻한 마음을 느낄 때가 있죠? 그때 정을 느낀다고 해요. 그런데 이런 따뜻한 마음을 여러 번 계속 느끼게 되면 정이 쌓여 정이 들게 되죠. 그런데 반대로 그런 마음이 없어지게 되면 정이 떨어진다고 해요. 그리고 친구와 오랫동안 지내면서 싸워서 미워하기도 하고 서로 마음이 맞아서 좋아하기도 하면서 서로 정이 많이 들게 되면 미운 정 고운 정이 들었다고 말해요.

정 refers to the warm and friendly feelings one experiences towards a person while spending a long time together. When we feel a warm heart from the other person, especially during difficult and challenging times, we say we feel "정(affection)." And as we continue to feel this warm heart repeatedly, we say "정이 들다(affection accumulates and grows)." On the contrary, if such feelings diminish, we say "정이 떨어지다(affection weakens)." Moreover, when we have a longtime friend with whom we have both good and bad feelings from time to time, we say "미운 정 고운 정이 들다 (to have mixed feelings of affection)."

Q **여러분은 한국 사람들한테 정을 느낀 적이 있어요?**
Have you ever felt 정 to Koreans?

A 외국인들은 한국 사람들이 정이 많다고 해요. 시장에 가서 물건을 살 때 실제로 산 것에 보태서 얹어줄 때가 있죠? 그걸 덤이라고 하는데 덤을 주는 것이나 도움이 필요할 때 한국 사람들이 자기 일처럼 도와주는 경우에 외국인들이 정을 느낀다고 해요.

Foreigners say that Koreans are very warm-hearted. Koreans often give them extra items as a bonus on top of what they purchased in the market, or help them like it is their own business when they are in a difficult situation. Foreigners feel warmth in such situations.

듣기 지문 및 정답
Listening script and answers

7단원 | 쇼핑 Shopping

1 동생한테 선물할 노트북을 사려고요
I am planning to buy a laptop for my brother

문법 *pp.23~24*

1. (1) 샤오동 리카 씨, 내일 동아리 친구를 만날 거예요?
   리카 아니요. 내일 만날 사람은 고향 친구예요.

   (2) 제이슨 다니엘 씨, 금요일에 우리 같이 저녁 먹을까요?
   다니엘 금요일은 시간이 안 돼요. 그날 늦게까지 회사에서 할 일이 있어서요.

   (1) ① (2) ①

2. (1) ⓓ (2) ⓐ (3) ⓒ (4) ⓔ (5) ⓑ

3.

(1) A 축제 때 노래를 부를 사람이 누구예요?
B 노래를 부를 사람은 제이슨이에요.

(2) A 축제 때 기타를 칠 사람이 누구예요?
B 기타를 칠 사람은 레아예요.

(3) A 축제 때 사회를 볼 사람이 누구예요?
B 사회를 볼 사람은 샤오동이에요.

(4) A 축제 때 사진을 찍을 사람이 누구예요?
B 사진을 찍을 사람은 다니엘이에요.

(5) A 축제 때 춤을 출 사람이 누구예요?
B 춤을 출 사람은 브루나예요.

(6) A 축제 때 음식을 만들 사람이 누구예요?
B 음식을 만들 사람은 올가예요.

(7) A 축제 때 음식을 팔 사람이 누구예요?
B 음식을 팔 사람은 타나펀이에요.

(8) A 축제 때 안내를 할 사람이 누구예요?
B 안내를 할 사람은 리카예요.

듣고 말하기 *pp.25~26*

2. 제이슨 브루나 씨, 다 골랐어요?
   브루나 네. 필요한 거 다 골랐어요. 제이슨 씨는요?
   제이슨 거의 다 골랐는데 비누하고 치약만 사면 돼요.
   브루나 비누하고 치약을 다 썼어요?
   제이슨 아니요. 다음 주말에 친구랑 캠핑을 가는데 거기에서 쓸 비누랑 치약을 사려고요.
   브루나 그럼 이건 어때요? 비누랑 치약, 칫솔, 샴푸가 한 세트인데 가격도 싸요.
   제이슨 그래요? 그럼 그걸로 사는 게 좋겠어요.
   브루나 네. 이제 계산하러 갈까요?

   (1) ① ○ ② × ③ × (2) ③

3. 타나펀 안녕하세요? 그릇을 사려고 하는데 어떤 게 좋을까요?
   점원 선물하실 거예요?
   타나펀 아니요. 제가 집에서 사용할 밥그릇하고 국그릇이 필요해서요.
   점원 그럼 이건 어떠세요? 예쁘고 가벼워서 인기가 많아요. 그리고 밥그릇하고 국그릇을 같이 사시면 10% 할인해 드리고 있어요.
   타나펀 그래요? 그럼 이거 주세요.
   점원 계산은 어떻게 하시겠어요?
   타나펀 이 카드로 계산해 주세요.

(1) 집에서 사용할 밥그릇하고 국그릇이 필요해서 샀어요.
(2) ②

발음

1. (1) 나왔는데 [☑ 나완는데, □ 나왇는데]
(2) 불꽃놀이 [□ 불꼳노리, ☑ 불꼰노리]
(3) 존댓말 [□ 존댇말, ☑ 존댄말]
(4) 바닷물 [☑ 바단물, □ 바닫물]

2 휴대 전화를 산 지 얼마나 됐어요?

How long have you had your cell phone?

문법 *pp.28~29*

2. (1) ⓐ (2) ⓓ (3) ⓒ (4) ⓑ (5) ⓔ

3. (1) A 다니엘 씨는 대학교를 졸업한 지 얼마나 됐어요?
B 대학교를 졸업한 지 5년 됐어요.
(2) A 다니엘 씨는 회사에 취직한 지 얼마나 됐어요?
B 회사에 취직한 지 3년 됐어요.
(3) A 다니엘 씨는 한국에 온 지 얼마나 됐어요?
B 한국에 온 지 1년 됐어요.
(4) A 다니엘 씨는 외국인등록증을 만든 지 얼마나 됐어요?
B 외국인등록증을 만든 지 9개월 됐어요.
(5) A 다니엘 씨는 한국어를 배운 지 얼마나 됐어요?
B 한국어를 배운 지 5개월 됐어요.
(6) A 다니엘 씨는 술을 끊은 지 얼마나 됐어요?
B 술을 끊은 지 일주일 됐어요.

읽고 말하기 *p.30*

2. (1) ① (2) ① × ② ○ ③ ×

3 원피스가 잘 어울릴 것 같아요

I think a dress would look good on you

문법 *pp.32~33*

2. (1) ⓒ (2) ⓓ (3) ⓐ (4) ⓑ (5) ⓔ

3. (1) 열 것 같아요.
(2) 추울 것 같아요.
(3) 못 잔 것 같아요. 자지 못 한 것 같아요.
(4) 비싼 것 같아요.
(5) 공부하는 것 같아요.

듣고 말하기 *p.34*

2. 리카 올가 씨, 뭐 해요? 인터넷에서 뭐 사려고요?
올가 네. 헤드폰을 하나 사고 싶어서요.
리카 올가 씨 헤드폰이 있지 않아요?
올가 있는데 그게 고장이 나서 새로 사려고요. 그리고 그건 좀 무거웠어요. 그런데 리카 씨, 제가 이 헤드폰이 마음에 드는데 여기에서 무슨 색을 사면 좋을까요?
리카 이 까만색 헤드폰은 어때요?
올가 제가 까만색을 좋아해서 까만색 헤드폰만 사용했어요. 그래서 이번에는 좀 다른 색으로 사고 싶어요.
리카 그럼 이 파란색은 어때요? 색도 예쁘고 올가 씨한테도 잘 어울릴 것 같아요.
올가 저도 이게 마음에 들어요. 이걸로 사는 게 좋겠어요.
리카 사실 저도 헤드폰이 필요했는데 여기에 예쁜 게 많은 것 같아요.
올가 그래요? 리카 씨도 헤드폰을 사고 싶으면 여기에서 한번 찾아보세요.

(1) ③ (2) ③
(3) 색도 예쁘고 올가한테 잘 어울릴 것 같아서 추천했어요.

읽고 쓰기 p.36

2. (1) ② (2) ① ○ ② × ③ × (3) ①

8단원 | 초대와 방문 Invitations and visits

1 우리 반 모임을 하기로 했어요
We decided to have a class gathering

문법 p.43

1. (1) 리카 제이슨 씨, 토요일에 우리 반 모임이 있는데 올 수 있어요?
제이슨 미안해요. 친구하고 영화 보기로 했어요.

(2) 건우 브루나 씨, 우리 어디에서 만날까요? 지하철역 앞은 어때요?
브루나 거기는 좀 복잡해요. 학교 정문에서 만나기로 해요.

(1) ② (2) ①

2. (1) ⓑ (2) ⓔ (3) ⓒ (4) ⓐ (5) ⓓ

듣고 말하기 pp.45~46

2. 레아 제이슨 씨, 제가 올해 10월 3일에 결혼식을 하는데 제이슨 씨를 초대하고 싶어요.
제이슨 정말요? 축하해요. 레아 씨.
레아 고마워요. 다른 친구들도 결혼식에 오기로 했는데 제이슨 씨도 시간이 되면 오세요.
제이슨 결혼식이 몇 시예요?
레아 오전 11시에 남산골한옥마을에서 해요. 거기에서 한국 전통 결혼식을 하려고요. 결혼식이 끝나고 근처에 있는 호텔에서 같이 식사도 할 거예요.
제이슨 기억에 많이 남겠어요. 그런데 프랑스에서 레아 씨 가족들하고 친구들도 오세요?
레아 가족들은 오는데 친구들은 못 올 것 같아요. 그래서 내년에 프랑스에서 한 번 더 결혼식을 하기로 했어요.
제이슨 아, 그래요? 저도 우리 반 친구들하고 같이 꼭 갈게요.

(1) ① (2) ① × ② × ③ ○

3. 브루나 샤오둥 씨, 지난 학기에 1급에서 같이 공부한 소피아 씨 기억나요?
샤오둥 그럼요. 지난 학기 끝나고 고향으로 돌아가지 않았어요?
브루나 네. 그런데 소피아 씨가 며칠 전에 한국에 왔어요. 그래서 내일 수업 후에 1급 때 같이 공부한 친구들하고 만나기로 했어요.
샤오둥 내일 몇 시에 만나요?
브루나 저녁 6시에 학교 앞에 있는 식당에서 만나기로 했어요.
샤오둥 6시요? 내일 부모님께서 중국으로 돌아가셔서 부모님을 배웅하러 공항에 가야 돼요. 좀 늦게 가도 돼요?
브루나 네. 괜찮아요. 몇 시쯤 올 수 있어요?
샤오둥 7시쯤 갈 수 있어요. 제가 공항에서 출발할 때 브루나 씨한테 전화할게요.

(1) 부모님을 배웅하러 공항에 가야 돼요.
(2) ②

발음

1. (1) 못 와요 [☑ 모돠요, □ 모솨요]
(2) 부엌 안 [☑ 부어간, □ 부어칸]
(3) 겉옷 [□ 거톧, ☑ 거돋]
(4) 옆얼굴 [□ 여펄굴, ☑ 여벌굴]

2 화분을 주거나 벽시계를 선물해요
I give a potted plant or a wall clock as a gift

문법 *pp.48~49*

2. (1) ⓒ (2) ⓐ (3) ⓓ (4) ⓑ (5) ⓔ

3. (1) A 시험 후에 보통 뭐 해요?
   B 친구들과 놀거나 잠을 자요.
   (2) A 수업 후에 보통 뭐 해요?
   B 친구를 만나거나 도서관에 가요.
   (3) A 주말에 보통 뭐 해요?
   B 책을 읽거나 게임해요.
   (4) A 방학에 보통 뭐 해요?
   B 아르바이트하거나 여행을 가요.
   (5) A 휴일에 보통 뭐 해요?
   B 장을 보거나 청소해요.
   (6) A 설날에 보통 뭐 해요?
   B 할아버지 댁에 가거나 집에서 텔레비전을 봐요.

읽고 말하기 *p.50*

2. (1) ③ (2) ① × ② × ③ ○

3 평일에는 바쁘니까 주말에 모일까요?
Since we're busy on weekdays, shall we meet on the weekend?

문법 *pp.52~53*

2. (1) ⓐ (2) ⓒ (3) ⓑ (4) ⓓ (5) ⓔ

3. (1) 비가 오니까
   (2) 수업이 없으니까
   (3) 시험이 끝났으니까
   (4) 배가 고프니까
   (5) 점심시간이니까

듣고 말하기 *p.54*

2. 타나펀 리카 씨, 이번 주 일요일에 시간 있어요?
   리카 네. 별일 없는데 왜요?
   타나펀 일요일이 올가 생일이에요. 일요일에 올가랑 샤니가 우리 집에 놀러 오기로 했는데 그때 깜짝 생일 파티를 해 주면 어때요?
   리카 좋아요. 샤니도 생일 파티 계획을 알아요?
   타나펀 아니요. 몰라요. 제가 샤니한테 연락할게요.
   리카 선물은 뭐가 좋을까요?
   타나펀 올가가 향수를 모으니까 향수를 사면 어때요?
   리카 좋은 생각이에요. 향수가 좋을 것 같아요. 선물은 제가 준비할게요.
   타나펀 고마워요. 그럼 케이크는 제가 살게요. 올가랑 샤니가 5시까지 우리 집에 오기로 했으니까 리카 씨는 좀 더 일찍 오세요.
   리카 네. 알겠어요. 그날 봐요.

   (1) ③ (2) ① ○ ② × ③ ○
   (3) 올가가 향수를 모으니까 향수를 선물할 거예요.

읽고 쓰기 *p.56*

2. (1) ② (2) ① ○ ② × ③ × (3) ③

9단원 | 건강 Health

1 약국에 가서 뭘 샀어요?
What did you buy at the pharmacy?

문법 pp.63~64

1. (1) 레아 어제 뭐 했어요?
엘렌 카페에 가서 책을 읽었어요.

(2) 타나펀 주말에 뭐 할 거예요?
다니엘 친구를 만나서 영화를 볼 거예요.

(1) ② (2) ①

2. (1) ⓐ (2) ⓓ (3) ⓔ (4) ⓒ (5) ⓑ

3. (1) A 어제 수업 후에 뭐 했어요?
B 은행에 가서 체크카드를 만들었어요.

(2) A 어제 수업 후에 뭐 했어요?
B 친구를 만나서 운동을 했어요.

(3) A 어제 수업 후에 뭐 했어요?
B 사진을 찍어서 블로그에 올렸어요.

(4) A 어제 수업 후에 뭐 했어요?
B 고향 음식을 만들어서 친구들하고 먹었어요.

(5) A 어제 수업 후에 뭐 했어요?
B 소파에 누워서 텔레비전을 봤어요.

(6) A 어제 수업 후에 뭐 했어요?
B 친구들을 초대해서 생일 파티를 했어요.

듣고 말하기 pp.65~66

2. 약사 어떻게 오셨어요?
타나펀 오늘 아침부터 배가 아파요.
약사 그러세요? 그럼 이 약을 드셔 보세요. 아침에 한 번, 저녁에 한 번 드시면 돼요. 식사 후에 드시지 마시고 식사 전에 드세요.
타나펀 네. 알겠어요. 얼마예요?
약사 3,200원이에요. 이 약을 이틀 정도 드세요.
타나펀 네. 알겠어요. 그런데 밥을 먹어도 돼요?
약사 내일까지는 밥을 드시지 말고 죽을 드세요. 그리고 물을 끓여서 자주 드세요.
타나펀 네. 감사합니다. 안녕히 계세요.

(1) ② (2) ③

3. 샤니 리카 씨, 오늘 수업 후에 같이 영화를 볼까요?
리카 미안해요. 오늘은 집에서 좀 쉬고 싶어요.
샤니 왜요? 어디 아파요?
리카 네. 아침부터 목이 너무 아파요. 목이 부은 것 같아요.
샤니 그래요? 그럼 빨리 병원에 가 보세요.
리카 아니에요. 약국에 가서 약을 사 먹어도 괜찮을 것 같아요.
샤니 그럼 오늘은 집에 가서 약을 먹고 푹 쉬세요. 그래도 낫지 않으면 병원에 꼭 가세요.
리카 네. 그렇게 할게요. 고마워요. 샤니 씨.

(1) 아침부터 목이 아파요
(2) ①

발음

1. (1) 두통약 [☐ 두통약, ☑ 두통냑]
(2) 여행용 [☑ 여행뇽, ☐ 여행용]
(3) 무슨일 [☑ 무슨닐, ☐ 무스닐]
(4) 발음 연습 [☐ 바르면습, ☑ 바름년습]

2 건조하지 않게 물을 자주 드세요
Drink water frequently to avoid dehydration

문법 ***pp.68~69***

2. (1) ⓐ (2) ⓓ (3) ⓑ (4) ⓔ (5) ⓒ

3. (1) A 수업에 늦지 않게 집에서 일찍 나오세요.
   B 네. 그렇게 할게요.
   (2) A 방이 깨끗하게 자주 청소하세요.
   B 네. 그렇게 할게요.
   (3) A 안 다치게 조심하세요.
   B 네. 그렇게 할게요.
   (4) A 약속을 잊어버리지 않게 메모하세요.
   B 네. 그렇게 할게요.
   (5) A 할인을 받을 수 있게 빨리 예약하세요.
   B 네. 그렇게 할게요.
   (6) A 독감이 빨리 낫게 약을 챙겨 드세요.
   B 네. 그렇게 할게요.

읽고 말하기 ***p.70***

2. (1) ②
   (2) ① 독감은 주로 겨울부터 봄까지 걸립니다.
   ② 인플루엔자 바이러스는 공기로 전염됩니다.
   ③ 독감에 걸리면 보통 먼저 두통과 함께 열이 납니다.

3 식사하기 전에 손을 씻어야 해요
You should wash your hands before eating

문법 ***pp.72~73***

2. (1) ⓔ (2) ⓐ (3) ⓑ (4) ⓓ (5) ⓒ

3. (1) 공연을 보기 전에
   (2) (졸업) 사진을 찍기 전에
   (3) 버스에서 내리기 전에
   (4) 수영하기 전에
   (5) 고향에 돌아가기 전에

듣고 말하기 ***p.74***

2.

제이슨	지유 씨, 괜찮아요? 얼굴이 안 좋은 것 같아요.
지유	네. 요즘 스트레스를 많이 받아서 그래요.
제이슨	왜요? 무슨 일이 있어요?
지유	다음 주 수업 시간에 발표를 해야 되는데 준비할 게 너무 많아서요.
제이슨	그래요? 힘들겠어요.
지유	네. 그런데 저는 이럴 때 게임만 하게 돼요. 그래서 더 스트레스를 받는 것 같아요.
제이슨	지유 씨, 오늘은 게임하지 말고 잠깐 산책을 하거나 좋아하는 음식을 만들어서 먹어 보세요. 그러면 스트레스가 풀릴 거예요.
지유	네. 그럼 오늘 발표 준비를 하기 전에 근처 공원에 가서 산책해 볼게요.
제이슨	좋은 생각이에요. 지유 씨, 발표 끝나면 같이 영화 보러 가요. 발표 준비 잘하세요.

(1) ②
(2) ① ○ ② × ③ ×
(3) 오늘 발표 준비를 하기 전에 산책할 거예요.

읽고 쓰기 ***p.76***

2. (1) ③
   (2) ① ○ ② × ③ ×
   (3) 몸의 기능이 좋아져요.

10단원 | 음식 Food

1 된장찌개를 먹을래요?
Would you like to have soybean paste soup?

문법 *pp.83~84*

1. (1) 다니엘 레아 씨, 무슨 음식을 주문할래요?
   레아 저는 떡볶이를 주문할래요.

   (2) 리카 샤니 씨, 오늘 오후에 같이 숙제할래요?
   샤니 저는 몸이 안 좋아서 수업 후에 집에 가서 쉴래요.

   (1) ① (2) ②

2. (1) ⓓ (2) ⓒ (3) ⓔ (4) ⓑ (5) ⓐ

3. (1) A 타나펀 씨, 신문을 읽을래요? 잡지를 읽을래요?
   B 저는 잡지를 읽을래요.

   (2) A 타나펀 씨, 호텔에서 묵을래요? 펜션에서 묵을래요?
   B 저는 호텔에서 묵을래요.

   (3) A 타나펀 씨, 강아지를 기를래요? 고양이를 기를래요?
   B 저는 강아지를 기를래요.

   (4) A 타나펀 씨, 한국 음식을 만들래요? 고향 음식을 만들래요?
   B 저는 고향 음식을 만들래요

   (5) A 타나펀 씨, 기차를 타고 갈래요? 비행기를 타고 갈래요?
   B 저는 비행기를 타고 갈래요.

   (6) A 타나펀 씨, 시장에서 장을 볼래요? 마트에서 장을 볼래요?
   B 저는 시장에서 장을 볼래요.

듣고 말하기 *pp.85~86*

2. 제이슨 타나펀 씨, 오늘 수업 후에 시간 괜찮으면 같이 점심 먹을래요?
   타나펀 좋아요. 뭐 먹을래요?
   제이슨 글쎄요. 타나펀 씨는 어떤 음식을 좋아해요?
   타나펀 저는 한국 음식을 좋아해요. 특히 떡볶이와 순두부찌개를 좋아해요.
   제이슨 저는 떡볶이를 먹어 본 적이 없어요. 매워요?
   타나펀 조금 매운데 맛있어요. 제이슨 씨, 오늘 점심에 떡볶이를 먹어 볼래요?
   제이슨 네. 한번 먹어 보고 싶어요.
   타나펀 그럼 제이슨 씨, 학교 앞에 제가 자주 가는 분식집이 있는데 거기 갈래요?
   제이슨 좋아요. 수업이 끝나고 바로 가요.

   (1) ① × ② ○ ③ ×
   (2) ②

3. 지유 브루나 씨, 뭐 먹을래요?
   브루나 글쎄요. 지유 씨, 이 집은 뭐가 맛있어요?
   지유 여기는 새우 크림 스파게티가 유명해요. 오늘 한번 먹어 보세요.
   브루나 제가 해산물을 못 먹어요. 새우나 오징어 같은 해산물을 먹으면 몸에 뭐가 나고 가려워요.
   지유 그래요? 그러면 브루나 씨는 토마토 스파게티 드세요. 그것도 맛있어요.
   브루나 네. 지유 씨는 뭘 먹을 거예요?
   지유 저는 토마토 스파게티보다 크림 스파게티를 좋아하니까 새우 크림 스파게티를 먹을래요.
   브루나 그럼 우리 토마토 스파게티 하나, 새우 크림 스파게티 하나 시켜요.

   (1) 해산물
   (2) ① ○ ② × ③ ○

발음

1. (1) 물냉면 [☐ 물냉면, ☑ 물랭면]
   (2) 실내 [☐ 실내, ☑ 실래]
   (3) 생일날 [☑ 생일랄, ☐ 생일날]
   (4) 일 년 [☑ 일련, ☐ 일년]

2 한식당에 갈까 해요
I'm thinking of going to a Korean restaurant

문법 *pp.88~89*

2. (1) ⓐ (2) ⓓ (3) ⓑ (4) ⓔ (5) ⓒ

3. (1) A 리카 씨, 이번 주말에 뭐 할 거예요?
   B 글쎄요. 친구를 만날까 해요.

   (2) A 레아 씨, 이번 주말에 뭐 할 거예요?
   B 글쎄요. 파마를 할까 해요.

   (3) A 다니엘 씨, 이번 주말에 뭐 할 거예요?
   B 글쎄요. TV로 축구를 볼까 해요.

   (4) A 브루나 씨, 이번 주말에 뭐 할 거예요?
   B 글쎄요. 그림을 그릴까 해요.

   (5) A 제이슨 씨, 이번 주말에 뭐 할 거예요?
   B 글쎄요. 사진을 찍을까 해요.

   (6) A 샤오동 씨, 이번 주말에 뭐 할 거예요?
   B 글쎄요. 음악을 들을까 해요.

읽고 말하기 *p.90*

2. (1) ①
   (2) ① ○ ② × ③ ○

3 양파를 넣은 후에 볶으세요
After adding the onions, stir fry them

문법 *pp.92~93*

2. (1) ⓒ (2) ⓓ (3) ⓑ (4) ⓔ (5) ⓐ

3. (1) 물을 마신 후에
   (2) 점심을 먹은 후에
   (3) 장을 본 후에
   (4) 고기를 구운 후에
   (5) 돈을 찾은 후에

듣고 말하기 *p.94*

2.

레아	어제 남편 생일이라서 못 갔는데 친구들이랑 저녁 잘 먹었어요?
타나펀	네. 태국 음식을 먹었는데 맛있었어요. 레아 씨는 어제 뭐 했어요?
레아	어제 집에서 라타투이를 만들었어요.
타나펀	라타투이요? 프랑스 음식이에요?
레아	네. 프랑스 사람들이 평소에 집에서 자주 만들어서 먹는 음식이에요.
타나펀	그거 어떻게 만들어요?
레아	토마토를 볶은 후에 호박과 가지를 올려서 오븐에 구우면 돼요. 생각보다 간단해요.
타나펀	정말 간단해서 저도 만들 수 있겠어요.
레아	네. 구운 채소가 정말 맛있는데 빵하고 같이 먹으면 더 맛있어요.
타나펀	다음에 저도 한번 꼭 만들어 볼게요.

(1) 남편 생일이었어요.

(2)

(③)

(②)

(①)

(3) ① × ② × ③ ○

읽고 쓰기 p.96

2. (1) ① × ② × ③ ×
(2) 아픈 저를 따뜻하게 챙겨 줘서 잊지 못할 음식이 되었어요.
(3) ②

11단원 | 교통 Transportation

1 길이 많이 막히네요
The road is heavily congested

문법 pp.103~104

1. (1) 다니엘 지금 길이 많이 막히네요.
수빈 퇴근 시간이라서 차가 많은 것 같아요.
(2) 올가 샤니 씨, 창밖 좀 보세요.
샤니 눈이 오네요. 우리 같이 나가서 사진 찍을까요?
(1) ① (2) ①

2. (1) ⓔ (2) ⓓ (3) ⓒ (4) ⓐ (5) ⓑ

3. (1) A 이 사진 좀 보세요. 제주도에서 찍은 사진이에요.
B 경치가 아름답네요.
(2) A 이 사진 좀 보세요. 레아의 집에서 찍은 사진이에요.
B 집이 예쁘네요.
(3) A 이 사진 좀 보세요. 할아버지 댁에서 찍은 사진이에요.
B 할아버지와 많이 닮았네요.
(4) A 이 사진 좀 보세요. 우리 반 모임에서 찍은 사진이에요.
B 재미있었겠네요.
(5) A 이 사진 좀 보세요. 친구의 결혼식에서 찍은 사진이에요.
B 신랑, 신부가 잘 어울리네요.
(6) A 이 사진 좀 보세요. 초등학교 졸업식에서 찍은 사진이에요.
B 어렸을 때 귀여웠네요.

듣고 말하기 pp.105~106

2. 다니엘 수빈 씨, 늦어서 미안해요.
수빈 괜찮아요. 다니엘 씨, 오늘 일이 늦게 끝났어요?
다니엘 아니요. 제가 회사 앞에서 택시를 타려고 했는데 택시를 못 잡았어요.
수빈 그럼 다음부터 이 앱을 한번 이용해 보세요. 저도 택시를 탈 때 자주 이용하는데 정말 편해요.
다니엘 그래요? 어떻게 하는 거예요?
수빈 여기에 출발지와 목적지를 입력하면 주변에 있는 택시를 바로 부를 수 있어요. 택시 요금도 타기 전에 낼 수 있고 오래 기다리지 않아서 정말 좋아요.
다니엘 정말 편하겠어요. 다음에 꼭 이용해 볼게요.
(1) ③ (2) 택시를 못 잡아서 늦었어요.

3. 타나펀 올가 씨, 빨리 오세요. 공연이 곧 시작돼요.
올가 타나펀 씨, 늦어서 미안해요. 어서 들어가요.
타나펀 그런데 무슨 일이 있었어요?
올가 지하철역까지 갔는데 가방에 지갑이 없었어요. 지갑을 집에 놓고 와서 다시 집에 돌아갔어요.
타나펀 그래요? 많이 당황했겠네요.
올가 네. 그래서 집 앞에서 바로 택시를 탔어요.
타나펀 주말인데 길이 막히지 않았어요?
올가 네. 별로 안 막혔어요. 기다리게 해서 정말 미안해요. 타나펀 씨.
타나펀 아니에요. 그래도 공연이 시작하기 전에 와서 다행이에요.
(1) ② (2) ① ○ ② × ③ ×

발음

1. (1) 정류장 [☐ 정류장, ☑ 정뉴장]
   (2) 음료수 [☑ 음뇨수, ☐ 음료수]
   (3) 컵라면 [☑ 컴나면, ☐ 컵라면]
   (4) 대학로 [☐ 대학노, ☑ 대항노]

2 시간이 30분밖에 안 걸려요?

Does it only take 30 minutes?

문법 **pp.108~109**

2. (1) ⓒ (2) ⓔ (3) ⓑ (4) ⓓ (5) ⓐ

3. (1) A 한국 친구가 몇 명 있어요?
   B 한국 친구가 네 명이나 있어요.
   (2) A 한 달에 책을 몇 권 읽어요?
   B 한 권밖에 안 읽어요.
   (3) A 일주일에 빨래를 몇 번 해요?
   B 두 번밖에 안 해요.
   (4) A 하루에 커피를 몇 잔 마셔요?
   B 세 잔이나 마셔요.
   (5) A 한 달에 생활비를 얼마나 써요?
   B 50만 원이나 써요.
   (6) A 일주일에 친구를 몇 번 만나요?
   B 다섯 번이나 만나요.
   (7) A 하루에 한국어를 몇 시간 공부해요?
   B 하루에 30분밖에 안 해요.
   (8) A 서울에서 제주도까지 비행기로 얼마나 걸려요?
   B 한 시간밖에 안 걸려요.

읽고 말하기 **p.110**

2. (1) ② (2) ① × ② ○ ③ ○

3 버스가 편리하기 때문에 많이 이용해요

I use the bus a lot because it's convenient

문법 **pp.112~113**

2. (1) ⓒ (2) ⓐ (3) ⓑ (4) ⓓ (5) ⓔ

3. (1) 커피 값이 싸기 때문에
   (2) 자동차가 고장 났기 때문에
   (3) 감기에 걸렸기 때문에
   (4) 아기가 자기 때문에
   (5) 숙제가 많기 때문에

듣고 말하기 **p.114**

2.
건우 브루나 씨, 지금 뭐 하고 있어요?
브루나 기차표를 예매하고 있어요. 다음 주말에 여행을 갈 거예요.
건우 여행지는 정했어요?
브루나 네. 경주에 갈 거예요. 경주에 유적지가 많아서 꼭 한번 가 보고 싶었어요.
건우 아, 그렇군요. 경주까지 어떻게 갈 거예요?
브루나 케이티엑스(KTX)가 고속버스보다 빠르기 때문에 기차로 가려고 해요.
건우 주말에는 표가 빨리 매진되기 때문에 빨리 예매해야 돼요. 자리는 있어요?
브루나 네. 아침 8시쯤 출발하려고 하는데 창가 자리는 없어서 통로 자리로 예매하려고요.
건우 나중에 표가 없을 수도 있으니까 돌아올 표도 미리 사는 게 좋을 것 같아요.
브루나 네. 왕복으로 예매할게요.

(1) ① 교통수단: 기차 ☑ 고속버스 ☐
   ② 출발 시간: 오전 8시 ☑ 오후 2시 ☐
   ③ 자리: 창가 자리 ☐ 통로 자리 ☑
(2) ① × ② ○ ③ ○
(3) 유적지가 많아서 가 보고 싶었어요.

읽고 쓰기 p.116

2. (1) ③ (2) ① × ② ○ ③ ○ (3) ③

12단원 | 축하와 감사 Congratulations and thanks

1 마지막이라서 섭섭해
I feel sad because it is the last day

문법 pp.123~124

1. (1) 지유 엄마, 지금 뭐 하고 계세요?
지유 엄마 텔레비전을 보고 있어.

(2) 올가 브루나, 뭐 먹을 거야?
브루나 난 김치볶음밥 먹을래.

(1) ② (2) ①

2. (1) ⓒ (2) ⓐ (3) ⓑ (4) ⓓ (5) ⓔ

3. (1) A 상진아, 어제 뭐 했어?
B 동생이랑 농구했어.

(2) A 상진아, 지금 뭐 해?
B 저녁에 먹을 음식을 만들어.

(3) A 상진아, 내일 뭐 할 거야?
B 집에서 쉴 거야.

(4) A 지유야, 어제 뭐 했어?
B 영화를 봤어.

(5) A 지유야, 지금 뭐 해?
B 스키를 타러 가.

(6) A 지유야, 내일 뭐 할 거야?
B 친구하고 놀 거야.

듣고 말하기 pp.125~126

2. 브루나 내일이 벌써 이번 학기 마지막 날이네. 제이슨, 넌 이번 학기가 어땠어?
제이슨 난 이번 학기 시작할 때 2급이 어려웠는데 잘 마치게 돼서 정말 기뻐.
브루나 나도 그래. 공부가 힘들 때도 있었지만 재미있었어.
제이슨 특히 우리 반 친구들이랑 식사도 하고 공부도 같이 해서 더 힘이 된 것 같아.
브루나 난 이번 학기에 우리 다 같이 레아 결혼식에 간 게 기억에 남아.
제이슨 나도 그래. 한국 전통 결혼식도 구경하고 결혼식이 끝난 후에는 같이 사진도 찍고. 한 학기 동안 정말 즐거웠어.
브루나 난 친구들과 헤어지면 너무 섭섭할 것 같아.
제이슨 나도 섭섭해. 브루나, 다음 주에 반 친구들이랑 다 같이 한번 모이는 게 어떨까?
브루나 응. 좋아.

(1) ② (2) ②

3. 리카 지유야, 주말에 콘서트 잘 보고 왔어?
지유 응. 잘 봤어. 그런데 같이 보기로 한 친구가 안 와서 혼자 봤어.
리카 정말? 그런데 왜? 친구한테 무슨 일 있었어?
지유 나중에 들었는데 그날 교통사고가 나서 못 온 거였어. 그런데 그날 전화도 안 받고 연락도 안 돼서 너무 짜증이 났어.
리카 그랬겠네.
지유 그런데 친구도 교통사고가 나서 어쩔 수 없었고 여러 번 사과도 해서 지금은 나도 괜찮아.
리카 그래. 지유야. 그런데 콘서트는 재미있었어?
지유 응. 콘서트는 정말 좋았는데 혼자 봐서 기분이 좋지는 않았어.

(1) ① (2) ① × ② ○ ③ ×

발음

1. (1) ☑ 어디 아파요? ☐ 어디 아파요?
(2) ☐ 뭐 찾아요? ☑ 뭐 찾아요?

2 힘내! 다 잘될 거야
Cheer up! Everything's going to be fine

문법 *pp.128~129*

2. (1) ⓔ (2) ⓑ (3) ⓓ (4) ⓐ (5) ⓒ

3. (1) 샤오둥 타나펀, 방학 잘 보내.
타나펀 응. 우리 다음 학기에 보자.
(2) 지유 오늘 회사 인턴 면접이 있어.
올가 그래? 면접 잘 봐.
(3) 브루나 이걸 다 네가 만들었어?
레아 응. 맛있게 먹어.
(4) 올가 어디에서 사진을 찍을까?
샤니 우리 여기 의자에 앉아서 찍자.
(5) 건우 안녕? 늦어서 미안해.
지유 모두 다 왔으니까 우리 빨리 출발하자.
(6) 샤오둥 우리 어디에서 만날래?
제이슨 학교 정문 앞에서 만나자. 2시까지 갈게.

읽고 말하기 *p.130*

2. (1) ② (2) ① × ② ○ ③ ×

3 이번 학기도 즐거웠지요?
Was this semester enjoyable too?

문법 *pp.132~133*

2. (1) ⓔ (2) ⓒ (3) ⓑ (4) ⓐ (5) ⓓ

3. (1) 맞지요
(2) 맵지요
(3) 언니지요
(4) 끝나지요
(5) 공부했지요

듣고 말하기 *p.134*

2.
건우 여보세요, 리카? 나 건운데 조금 전에 전화했지?
리카 응. 잘 지냈지?
건우 그럼. 감기는 나았어? 내일은 학교에 올 수 있어?
리카 응. 이제 많이 나아서 내일 갈 거야. 그런데 부탁이 있어서 전화했어.
건우 무슨 부탁인데?
리카 결석해서 그동안 집에서 혼자 공부해 봤어. 그런데 모르는 게 있는데 나 좀 도와줄 수 있어?
건우 알겠어. 그런데 리카, 감기에 걸려서 목, 금 이틀 결석했지?
리카 응. 이틀 맞아.
건우 알겠어. 그럼 내일 수업 끝나고 볼까?
리카 좋아, 건우야. 우리 수업 후에 같이 점심 먹고 근처 카페에서 공부하면 어때? 점심은 내가 살게.
건우 그래. 알겠어. 그때 보자.

(1) 감기에 걸려서 결석했어요.
(2) ① ○ ② × ③ ×
(3) ①

읽고 쓰기 *p.136*

2. (1) ①
(2) ① ○ ② × ③ ×
(3) ②

찾아보기
Index

집필진 Authors

수석 책임 연구원

이민경 Lee, Minkyung

이화여자대학교 언어교육원 특임교수
Professor of Ewha Language Center, Ewha Womans University

이화여자대학교 한국학과 박사
Ph.D. in Korean Studies, Ewha Womans University

책임 연구원

김현진 Kim, Hyunjin

이화여자대학교 언어교육원 특임교수
Professor of Ewha Language Center, Ewha Womans University

이화여자대학교 독어독문학과 박사
Ph.D. in German Language & Literature, Ewha Womans University

배재원 Bae, Jaewon

이화여자대학교 언어교육원 특임교수
Professor of Ewha Language Center, Ewha Womans University

이화여자대학교 한국학과 박사
Ph.D. in Korean Studies, Ewha Womans University

공동 연구원

정누리 Chung, Noorhee

이화여자대학교 언어교육원 전임강사
Full-time instructor of Ewha Language Center, Ewha Womans University

연세대학교 한국학협동과정 박사 수료
ABD. The Interdisciplinary Graduate Program in Korean Studies, Yonsei University

오유영 Oh, Yuyoung

이화여자대학교 언어교육원 전임강사
Full-time instructor of Ewha Language Center, Ewha Womans University

이화여자대학교 한국학과 박사 수료
ABD. in Korean Studies, Ewha Womans University

박옥경 Park, Okkyung

이화여자대학교 언어교육원 책임강사
Instructor of Ewha Language Center, Ewha Womans University

이화여자대학교 한국어교육학과 석사
M.A. in Teaching Korean to Speakers of Other Languages, Ewha Womans University

황윤정 Hwang, Yunjeong

이화여자대학교 언어교육원 책임강사
Instructor of Ewha Language Center, Ewha Womans University

이화여자대학교 외국어로서의 한국어교육 전공 석사
M.A. in Teaching Korean as a Foreign Language, Ewha Womans University

최효원 Choi, Hyowon

이화여자대학교 언어교육원 책임강사
Instructor of Ewha Language Center, Ewha Womans University

이화여자대학교 한국어교육학과 석사
M.A. in Teaching Korean to Speakers of Other Languages, Ewha Womans University

새 이화 한국어 시리즈

New Ewha Korean Series

『새 이화 한국어』는 이화여자대학교 언어교육원이 새롭게 개발한 의사소통 중심의 한국어 교재로, 1급에서 6급까지 총 32권의 교재와 워크북으로 구성되어 있다. 『새 이화 한국어』는 재미있으면서도 실제적인 의사소통 과제의 비중을 높임으로써 수업 내용이 실생활로 전이될 수 있도록 한 것이 특징이다. 대화, 역할극, 그룹 활동 등 활동 방식과 참여 인원 등을 다양화한 말하기 과제를 제시하여 학습자들이 다양한 상황에서 주도적으로 말하기를 이끌어가는 능력을 기를 수 있게 유도하였다. 아울러 듣기와 말하기, 읽기와 말하기, 읽기와 쓰기 등 여러 언어 기능을 연계하고 통합한 과제를 제시함으로써 구어와 문어 학습이 긴밀하게 연계될 수 있도록 구성하였다. 또한 1급과 2급의 교재는 학습자 편의를 위하여 영어판, 일본어판, 중국어 간체판, 중국어 번체판 네 가지 버전으로 제작되었다.

New Ewha Korean is a new communication-oriented Korean language textbook series developed by Ewha Language Center at Ewha Womans University. It consists of 32 textbooks and workbooks from levels 1 to 6. This textbook emphasizes on presenting more engaging and practical communication tasks, allowing the course content to be more applicable to real-life situations. It provides different types of speaking tasks such as conversations, role-plays, and group activities so that learners can develop the ability to actively speak in various situations. It also integrates skills such as listening and speaking, reading and speaking, and reading and writing in its tasks, fostering a close connection between spoken and written language. Additionally, for learners' convenience, the textbooks for levels 1 and 2 are available in four versions: English, Japanese, Simplified Chinese, and Traditional Chinese.

값 26,000원

14710

9 791158 905170

ISBN 979-11-5890-517-0

ISBN 979-11-5890-490-6 (세트)